方言与文化丛书

天津方言与津沽文化

谭汝为 著

中国国际广播出版社

图书在版编目（CIP）数据

天津方言与津沽文化 / 谭汝为著. — 北京：中国国际广播出版社，2015.1
（方言与文化丛书）
ISBN 978-7-5078-3769-8

Ⅰ.①天…　Ⅱ.①谭…　Ⅲ.①北方方言－天津市－通俗读物②文化史－天津市－通俗读物　Ⅳ.①H172.1-49②K292.1-49

中国版本图书馆CIP数据核字（2014）第260085号

天津方言与津沽文化

著　　者	谭汝为
责任编辑	杨　桐　张淑卫
版式设计	国广设计室
责任校对	徐秀英
出版发行	中国国际广播出版社（83139469　83139489[传真]）
社　　址	北京复兴门外大街2号（国家广电总局内） 邮编：100866
网　　址	www.chirp.com.cn
经　　销	新华书店
印　　刷	北京广内印刷厂
开　　本	640×940　1/16
字　　数	120千字
印　　张	14.5
版　　次	2015年1月　北京第一版
印　　次	2015年1月　第一次印刷
书　　号	ISBN 978-7-5078-3769-8/H·440
定　　价	50.00元（含光盘）

CRI 中国国际广播出版社　欢迎关注本社新浪官方微博　官方网站 www.chirp.cn

目　录

1. 引　言

1.1　天津方言概说

天津市下辖市中心六区、新六区、滨海新区（原塘沽、汉沽、大港）和宁河、宝坻、蓟县三个县，辖区和行政区划建制是1950年后逐渐规划形成的。

中国方言学界认为：在全国汉语方言分区上，天津方言属于冀鲁官话区保（定）唐（山）片天津小片，是冀鲁官话区内最大的一个城市方言区。天津方言区的东南西三面被属于保唐片的静海方言包围，西北面属于北京官话区的武清话，东北面属于保唐片的宝坻话和宁河话。

天津所辖区域的方言相当复杂。我们说的“天津方言”，自然不指天津市现有辖区内的所有方言，而指在“天津卫老城里”语言影响下的市中心六个区（和平、南开、河北、河东、河西、红桥），包括与之相邻的西青区东南部、津南区西北部、东丽区西部以及滨海新区之塘沽、大沽、新城等街、镇原住居民所使用的传承至今的方言。

天津市各区县的方言，除上述天津方言片之外，还可分为以下几个方言片：蓟宝宁话片——处于天津市北部的蓟县、宝坻区，东北部的宁河县以及滨海新区的汉沽，属于蓟宝宁话片，所操方言为冀东方言；静海话片——处于天津市区西部、西南部以及东部沿海河两岸的西青、静海、津南、东丽四个区的大部分为静海话片（俗称“海音”“海下调”）；武清话片——处于天津市区北部的武清区及北辰区的大部分地区为武清话片，其方音与北京话接近；沧州话片——处于天津市南部、西南部的静海区（南部）、津南区（南部）、滨海新区的大港之大部为沧州话片。

天津话与周边其他方言片的词汇、语法基本相同，只是语音不一样。最显著的不同在于：在四个声调中天津话阴平声的调值低平，齿音字较多。天津话阴平声调字的读音，与普通话的差异十分明显，例如：“天、空、光、阴、吃、喝、灰、堆”等——用天津方言读，皆为低平调，特点十分突出。

天津方言属于北方方言区的皖北方言与冀鲁方言相融合的产物。天津方言与河北、山东、北京乃至东北等地的方言虽有明显区别，但彼此可以基本听懂，不影响交流。

近年来，天津多位学者根据历史文献和语言方面的考察分析，认为天津方言是明朝初年以安徽宿州为中心的皖北籍军人群体大量移往天津，与本地土著居民（天津的前身直沽寨属静海县境）结合而逐渐形成的。这种说法目前最具代表性，且得到学界和社会大多数人的认同。前两三年，天津方言专家组两度赴安徽考察，进一步确认天津方言源于安徽北部地区，具体地界范围是：以宿州、固镇和蒙城的三角地区为中心，即徐州市以南、淮南市以北、涡阳县以东、“五泗灵”（五河、泗县、灵璧）三县以西的淮北平原地区。

1.2　天津方言的历史文化积淀

地域文化渗透在人们的衣食住行之中，其典型的外在特征就是方言。天津方言的历史文化积淀体现在以下四个方面：第一，历史上的军旅文化和移民文化，给天津带来了母方言。第二，历史上的漕运文化和商埠文化，使天津方言适合社会交际，注重口语表达，感情浓烈、热情豪爽，直率简洁。第三，历史上五方杂厝，名流荟萃，南北交融，雅俗共处，中西碰撞，风云变幻，思潮蜂起，形成多元多彩的社会生活。加之近代开埠、九国租界、洋务运动、北洋新政、五四风潮等重大历史事件，无不以津门为重镇与舞台——以上因素使天津人视野开阔，见多识广；使天津方言词汇丰富，极富表现力。第四，受码头文化、北方戏剧码头、曲艺之乡等民俗文化因素的熏陶和影响，天津方言形成了质朴俚俗、贴近生活、生动形象、幽默诙谐的文化特质。

1.3　天津方言的文化特质

天津方言是天津地域文化的载体，其特点更多体现在具有地方特色的方言语汇上。天津方言的文化特质体现在以下四个方面：

1.3.1 俚俗质朴

天津人挂在嘴边儿的“嘛”，就是“什么”的意思。“干嘛去?”“做嘛?”“嘛玩意儿?”“这是嘛（读为介似嘛）?”天津人几乎句句不离。外地人把“嘛”写作“吗”，其实是两码事。“吃嘛?”和“吃吗?”语义所指，相差很远。“吃嘛?”就是吃什么?“吃吗?”表示还吃不吃？二者表意，南辕北辙。“哏”，《现代汉语词典》注音 gén，天津人读作 gér。“倍儿哏儿”，意思是“很逗，很有意思”，这也是很有代表性的天津口头语。

天津话说某人是“山药豆子”，属于嘲弄或谩骂，指性情乖僻、不讲情理的人。例如：“别搭理他，真是个山药豆子!”天津人说话干脆利索，为求简洁，有时只说前半截“山药”，或只说后半截“豆子”，表意效果一样。例如：“今儿个我要是赢不了他，我是山药!”“别人牵驴你拔橛，这不是豆子嘛!”“这俩儿是天生的一对儿，一个山药，一个豆子!”天津话“犯豆子”，指某人逆情背理的怪异劲头发作。譬如：“别人都躲得远远的，你倒紧往跟前凑，这不是犯豆子嘛?!”“那几个坏小子起哄架秧子，你就犯豆子，愣充大尾巴鹰。”

为什么“山药豆子”属于谩骂语呢？汉语詈语有一条不成文的规则，就是球状物品如“球”“蛋”“包”“瓜”之类都可用于骂人。例如“混球儿”“坏蛋”“脓包”“傻瓜”等。“山药豆子”“生瓜蛋子”“茄子”之类都是球形的，自然属于詈语之列。

天津话俚俗质朴，加之特殊的读音特色，使其非常富于生活气息。例如：得啵（絮叨）、离唧（精神恍惚）、翻疵（发火，翻脸）、打镲（开玩笑）、糟改（耍笑人）、吃窝脖（遭拒绝）、摞摞缸（难以了断的麻烦事）、吃挂落（lào）（受连累）、没门儿（不可能）、不觉闷（不自觉）等。

1.3.2 简洁明快

天津人说话，唯求简洁明快，干脆利索，一字千金，例如："跟我走!""哪儿去?""南市。""干嘛?""坐坐啊!"天津话把"崴泥"简化成"崴"，"砸锅"简化成"砸"，"栽面儿"简化成"栽"，"翻脸"简化成"翻儿"，"斥责"简化成"斥儿"，把动手打架说成"搋"，"决裂"说成"掰"，"纠正"说成"扳"，"挖苦"说成"改"，"耍笑"说成"涮"，"油滑"说成"贫"，"吝啬"说成"抠儿"，"女子言行出圈儿"说成"扯"，等等。再如"冰糖葫芦"到了天津叫"糖堆儿"，小贩叫卖进一步简化为"堆儿"；把"柿子"吆喝为"糖罐儿"，再简化成"罐儿"。

吃食的叫法，和北京大不相同，天津方言似乎更贴近生活也更直观：北京的油条，到了天津叫"馃子"；北京的豆浆，到了天津叫"浆子"；北京的豆角，到了天津叫"弯子"；北京的番茄，到了天津叫"柿子"；北京的鲤鱼，到了天津叫"拐子"；北京的草鱼，到了天津叫"厚子"。天津人说"咱喝点儿""你来段儿"，宾语省略了，但绝不会造成模糊和误解。

天津人说话，简洁明快，干脆利索，不拖泥带水，不吭哧憋嘟，不冗长拖沓。用俏皮话说，那是：胡萝卜就酒——嘎嘣脆!

对事件的描述，对人物的褒贬，对事物的评价，凡是能用一句话的，决不用两句话；凡是能用一个字的，决不用两个字。所以，天津人口头使用的单音节动词很多，例如：拿（了）、崴（了）、掰（了）、裂（了）、砸（了）、黄（了）、叠（了）、尿（了）、海（了）、震（了）、盖（了），等等。

请看天津人对事件的描述——“起头，两人逗，后来恼了，广起来了，后来就摅起来了，脑袋开了，最后被派所猴起来了。”用了六个单音节动词：“逗、恼、广、摅、开、猴”。

再如对人物的褒贬——“这小子当官后，狗熊穿大褂——人啦！瘸子脚面——绷着；热面汤——端着；要饭打狗棍——拿着。”用了四个单音词：“人、绷、端、拿”。

1.3.3 乐观幽默

天津人生性乐观，凑到一块儿聊天，幽默诙谐，气氛火暴。天津人不爱看一脑门子官司，总耷拉着的长脸；不爱读空话连篇、毫无创意的长文；不爱听照本宣科、又臭又长的报告。天津人爱看笑脸，爱读短文，爱听段子，爱说笑话，爱逗闷子，天津人的语言生动活泼。如：吹鼓手抱公鸡——嘀嘀咕咕；白萝卜扎眼儿——穷呕（藕）；地葫芦不叫地葫芦——小藕（怄）儿（注：小怄儿，开小玩笑）；莲蓬子儿不叫莲蓬子儿——藕豆（怄逗）；绕城转——白牌；海光寺当家的——衡（横）宽；日本船——满完（丸）；十二时辰占三样——身子虚（申子戌）；木鱼儿漂大海——闯荡江湖的老梆子；大德祥改祥记——缺了大德了，等等。

1.3.4 生动形象

天津话中存在着大量具有地方特色的方言语汇。这些方言语汇，大都生动形象、质朴俚俗，感情色彩浓郁。如双音节词：格涩（行为古怪）、打镲（开玩笑，戏弄人）、崴泥（遇到麻烦）、腻歪（讨厌，不顺心）、不够（不是人）、添堵（引起烦恼）、瞎掰（胡说）、拔闯（为冲突中的一方壮威、出气）、捯饬（修饰，化妆）、栽面儿（丢脸，出丑）、胡吣（瞎说）、邪门儿（反常）、找乐儿（寻开心）、耍单儿（一个人单独行动），等等。三音节词语：没眼眉（不会察言观色）、白话蛋（口若悬河、夸夸其谈的人）、吃挂落（受牵连）、咕棒槌（在上司面前说别人的坏话）、斗闷子（斗气）、念山音（话中带刺儿，甩闲话）、屁屁蛋（云山雾罩、撒谎吹牛的人），等等。

1.4 天津人擅长言语创新

天津人喜欢编造新俗语，例如俗语“你走你的阳关道，我走我的独木桥”，到了天津，就说成“你走你的大经路，我钻我的耳朵眼儿”。大经路就是天津市河北区的中山路，建于1903年，宽三十多米，在当时是全市最宽的马路。北门外的耳朵眼儿胡同，最窄处不到两米，是全市最窄的小胡同。俏皮话“南门外警察——代管八里台的事儿”。当年，出了南门外，海光寺一带就是连绵的稻田了，直到六里台、八里台，都是郊外开洼荒原。所以南门外的警察公署辖区一直延伸到八里台一带。天津人埋怨某机构或某人管事过宽过滥，就说："你是南门外的警察——还代管八里台的事儿!"天津人逛大街迷了路，找不着北了，就说："我是出南门奔西沽——转向了!"西沽在老城厢的北部，出了北门还得向北边走四五里路。你出了南门奔西沽，可不是南辕北辙，转了向吗？

骂人的话"德性"，天津人也用俏皮话拐弯儿说："宫北大街的帽铺——德兴（性）"。因为天津娘娘宫的宫北大街原有一个专卖帽子的商店——德兴帽铺。天津话把差不多、差不离儿，说成"大概其"。俏皮话"近视眼念天益斋——大盖（概）齐（其）"，就讽刺那种粗枝大叶的人。店名"天益斋"和"大盖齐"是形似字。天后宫旧时专卖儿童玩具的小摊儿很多，人们叫它"耍货摊"。所谓"耍货"是指供小孩玩耍的各种小玩意儿。俗语"娘娘宫的小玩意儿——耍货儿"，却是批评工作不扎实，办事耍乎的年轻人。例如："这小子是'娘娘宫的小玩意儿——耍货儿'，关键时准给你掉链子!"

再如，天津人爱说的一个词儿"罗罗缸"。在马三立相声里有一段由天津俗语组合的贯口："一羊也赶，俩羊也放；捆着发木，吊着发麻；惹惹惹，敲破锣；罗罗缸，卖生姜；大爷不怕小八卦——这都是曾子说的。"这"罗罗缸"，究竟是怎么一档子事儿呢？"罗罗缸"这三个字，写在书面上，应该是"摞摞缸"。"摞"，是动词，就是把东西重叠着往上码放的意思。例如："把箱子一个一个地摞起来。"

旧时天津有专门批发出售缸盆的商店，满院立着水缸，堆满了各色各样大小成套的缸盆。因地势有限，为节省空间，就在大缸里放小缸，同一品种的缸盆，大中小规格成龙配套，一个套一个，一摞压一摞。缸店院里是压压差差，满满搂搂。但套缸摞着套缸，挪动和搬运都很费劲儿。缸盆码得高，就立不稳，稍有不慎，就稀里哗啦。一旦破损，就接二连三，牵五挂六，犹如多米诺骨牌。所以天津人用“罗罗缸”比喻一连串纠缠不清的麻烦事。天津是一座商业都市，无论公事私事，在经济往来上，都讲求清清楚楚，心明眼亮。天津商家，在商品交易收款找零时，坚持“唱收唱付”“日结日清”，就是防止“罗罗缸”。天津俗语“小葱拌豆腐——一清二白”“当面锣，对面鼓”“亲兄弟，明算账”等，都是为了避免日后说不清、道不明的麻烦。说白了，这都是事先防范、避免罗罗缸后果的经验之谈。

天津话有个词儿，叫“坐地炮”，既不指战场上的无后坐力炮，也不指下象棋的沉底炮，而是指那种特别能打架的中年妇女。被冠名为“坐地炮”者，年龄多在四十来岁至五十来岁之间。为嘛还有年龄限制呢？年轻女性，文静端庄，为人腼腆；二三十岁的小媳妇儿，面子薄，不好意思抛头露面。即使怒火中烧，但也要顾及斯文，强压下去。天津小夫妻吵架，家丑不可外扬，怕邻居笑话，第一件事儿就是关上门，拉上窗帘，等孩子睡了，有话慢慢说，再好好地掰哧掰哧。女性过了五十岁之后，精气神儿不济了，底气不足了，战斗力呈锐减之势，即使想“坐地炮”，也为强弩之末，火力不足了。因此，“坐地炮”多为四十来岁至五十来岁的中年下层妇女。她们平时蓄势待发，一旦发起攻势，没一个时辰消停不了，海骂加胡卷，文斗带武卫，常吵得别人六神无主，闹得四邻不安。过去，在老天津卫的胡同聚落里，“坐地炮”的总数虽不太多，但各条街巷几乎都有。人们自然知道“坐地炮”“母老虎”之不好惹，皆远远躲避，岂敢招惹？林希先生在一篇文章中写道：“一次我在马路上，就听见一个人冲着匆匆跑开的人喊：‘告诉你，要是把我惹火了，我可是坐地炮啊！’那个惹事的人一听，吓得抱头鼠窜，一溜烟儿，早跑得没影儿了。”

2. 天津方言的语音特点

天津市区与北京相距不过一百多公里，与说北京话的武清方言片相距只有十多公里，但天津话和北京话在语音上的差异，显而易见。操天津方言的人只要一张嘴，就使人感受到一股与众不同的津派气息扑面而来。本书记录的天津方言语音较多偏于方音旧读，即“老派”天津话。

2.1 天津话的声调

天津话有四个声调：

(1) 阴平　21　刚知天出脚。

(2) 阳平　45　穷陈唐白笔。

(3) 上声　13　古展短窄甲。

(4) 去声　53　盖振淡策纳。

天津话阴平 21 调，调型低降，有些人发音略高于 2。阳平 45 调，调型高升，但升势不太显著。上声 13 调，调型低升。去声 53 调，调型高降，调长最短，只有阴平 21 的一半长。

天津话与普通话都有四个声调，但在调值（每个声调的实际读音）上却有明显的差别。特别表现在阴平（一声）声调上，二者差别很大。普通话的阴平读音呈现出高而平的调值，是四声中最高的声调，读高平调；而天津话的阴平读音呈现出低而降的调值，音程短促，属于低平调。

	阴平	阳平	上声	去声
普通话	55	35	214	51
天津话	21 或 11	45	13	53

从声调上看，天津话把普通话的阴平（一声）高平调 55 读成低平调 21（部分学者认为是 11），即起音本身就低，而落音比起音还略低一些。例如“天、空、光、阴、吃、喝、灰、堆”等——用天津方言读，皆为低平调，特点十分突出。

与普通话对照，天津话在读音声调上还存有以下差异：

普通话一些读为阴平（一声）的字，如“捞、猫、鸽、砒、拘（拘着面子）”等，天津话则读为阳平（二声）；“都（你们都来）、睾、岗、跷、倾、耶、估、菌、蛟、刮、扳、纰”等，天津话则读为上声（三声）；“娟、淑、茎、析、瑰、息、悉、缩、姘、剔”等，天津话则读为去声（四声）。

普通话一些读为阳平（二声）的字，如“菊、愚、媳、识、汾、渤”等，天津话则读为阴平（一声）；“惩、潜、而、违、韦、仆、脯、蒲、璞、毛（块儿八毛）”等，天津话则读为上声（三声）；“即、逐、幅、韶、谀、宜”等，天津话则读为去声（四声）。

普通话一些读为上声（三声）的字，如“脊、饺、罕、脚、雪”等，天津话则读为阴平调（一声）；“与、笔、绮、抚”等，天津话则读为阳平调（二声）；“匕、鄙、颈、莠、矢、且”等，天津话则读为去声（四声）。

普通话一些读为去声（四声）的字，如“召、诏、迸、挫”等，天津话则读为阴平（一声）；“谊、隧、质、刻、殉”等，天津话则读为阳平（二声）；“埠、发（理发）、较、诲、迫、霍、档、室、悼”等，天津话则读为上声（三声）。

天津方言里没有卷舌音，“说、缩”不分、“知、兹”不分、“识、四”不分、“车、册”不分。

2.2　天津话的声母

与普通话读音相对照，天津话的声母有以下特点：

（1）普通话 zh、ch、sh 这些卷舌声母的字，在天津话里有一部分被读成平舌声母的 z、c、s。例如：“展览”的“展（zhǎn）”，天津话读为 zǎn；“招考”的“招（zhāo）”，天津话读为 zāo；“批准”的“准（zhǔn）”，天津话读为 zǔn；“诧异”的“诧（chà）”，天津话读为 cà；“冲锋”的“冲（chōng）”，天津话读为 cōng；“春天”的“春（chūn）”，天津话读为 cūn；“山脉”的“山（shān）”，天津话读为 sān；“事由”的“事（shì）”，天津话读为 sì；“生产（shēngchǎn）”，天津话读为 sēngcǎn；“上车（shàngchē）”，天津话读为 sàngcē；“蛀虫（zhùchóng）”，天津话读为 zùcóng，等等。这就是人们通常说的——天津话齿音字多。

（2）普通话 r 声母音节，在天津话里一般读成零声母，把辅音 r 换成了元音 i：

	然	嚷	饶	热	人	扔	荣	肉	如	软	瑞	润	弱
普通话	ran	rang	rao	re	ren	reng	rong	rou	ru	ruan	rui	run	ruo
天津话	ian	iang	iao	ie	ien	ieng	iong	iou	iu	iuan	iui	iun	iuo

与之相反，普通话部分零声母的字，天津话却读为 r 声母：

	扬	漾	拥	颙	永	用	悠	鸳	允	蕴
普通话	yáng	yàng	yōng	yóng	yǒng	yòng	yōu	yuān	yǔn	yùn
天津话	ráng	ràng	rōng	róng	rǒng	ròng	rōu	ruān	rǔn	rùn

（3）另外，天津话习惯于在 a、o、e 开口呼音节前加声母 n。例如把“安全”的“安”读成 nān，把“超额”的“额”读成 né，把“熬鱼”的“熬”读成 náo，把“可爱”的“爱”读成 nài，还有“欧（nōu）洲”“海鸥（nōu）”等。如下表：

	挨	矮	爱	安	暗	肮	熬	袄	讹	恶	恩	欧	偶
普通话	āi	ǎi	ài	ān	àn	āng	áo	ǎo	é	è	ēn	ōu	ǒu
天津话	nāi	nǎi	nài	nān	nàn	nāng	náo	nǎo	né	nè	nēn	nōu	nǒu

2.3 天津话的连读变调

天津话的单字声调在连读中，按照一定的规律发生变调。变调只在原字调类之间交替变化，一般不产生新的声调。

（1）两字组的连续变调如下。

①阴平＋阴平变调为上声＋阴平。

例如：尖刀＝剪刀、西沽＝喜姑、抽烟＝丑烟、飞机＝匪机、沙发＝洒发、司机＝死机。

②上声＋上声变调为阳平＋上声。

例如：起码＝骑马、买马＝埋马、喜酒＝席酒、美满＝梅满、火腿＝活腿、水果＝随果。

③去声＋阴平变调为阳平＋阴平。

例如：唱歌＝长歌、面包＝棉包、豆浆＝都浆、药方＝幺方、大车＝达车、太弯＝台湾。

④去声＋去声变调为阴平＋去声。

例如：受到＝收到、借贷＝接待、受累＝搜累、地洞＝低洞、笨蛋＝奔蛋、落后＝捋后。

（2）以两字组的连续变调规则为基础，在可能发生连续变调的格式中，三字组有些是在第一个字或第二字发生变调，并不影响另外两个字。

例如：大花脸＝达花脸、礼拜天＝礼白天、买奶油＝埋奶油、白衬衣＝白晨衣、下象棋＝瞎象棋、北大关＝北答关。

（3）以两字组的连续变调规则为基础，三字组有些格式第一字和第二字都发生变调。

例如：米老鼠＝迷老鼠、猛刹车＝盟啥车、上电车＝丧点车、葱爆肉＝葱包肉。

2.4　天津话的儿化

先看两段天津话："嘛叫'刺儿头'？刺烘烘地让人纳闷儿，

嘟噜脸子阴阳怪气儿，办事戗碴儿带斗气儿，张嘴说话带钩带刺儿。”“胳膊如麻秆儿，肋条像挫板儿。”“爸爸蹬三轮儿，妈妈卖小鱼儿，二姨卖凉皮儿，三舅卖果仁儿。”

“儿化”是北方方言的一种语言现象，指“儿”后缀与它前面的音节的韵母结为一体，组成卷舌韵母。天津话三十九个韵母中有三十五个韵母都能儿化。例如：把儿、汤儿、家儿、样儿、糖瓜儿、蛋黄儿、盖儿、板儿、面儿、天儿、块儿、段儿、圈儿、院儿、膜儿、拨儿、果儿、空儿、刺儿、侄儿、辈儿、本儿、皮儿、心儿、腿儿、村儿、雨儿、（合）群儿、盒儿、凳儿、叶儿、瓶儿、谱儿、珠儿、（包）月儿、橛儿、包儿、号儿、票儿、钩儿、口儿、球儿等。

儿化后语言成分的理性意义不变，但却增加或改变了附加意义，如“妞儿、茸毛儿、玩意儿、牙签儿”等，增加了“小巧”义，派生出“喜爱”义。再如“好玩儿、小曲儿、慢慢儿、踢毽儿”等，具有浓郁的口语色彩。称呼年轻同事，如“小王儿、小张儿、小胡儿、小徐儿”等，可读儿化。天津人称呼“小张儿”，也常常只称呼“张儿”，但“大王、大张、老胡、老徐”等，就不宜儿化了。我们比较一下：“他火了”和“他火儿了”，前者指兴旺走红，后者指发怒，绝非一码事。

有些口语色彩浓重的词语应读儿化，如“大款儿、大腕儿、冰棍儿、胡同儿、片儿警、爆肚儿、虾段儿、鱼片儿、屁股蹲儿、疙瘩襻儿、豆腐脑儿”等，否则说着拗口，听着别扭。有些词语必须读儿化，如把“份儿饭（fènrfàn）”读成 fènfàn，那可就闹笑话了！典型的天津方言——“嘛事儿？您老（nínla）”“说得倍儿哏儿”“上南门脸儿”等，必须读出儿化，才地道。

在阅读和聆听时，我们靠儿化与非儿化来区别词义和词性。例如：“打眼”：没看出毛病而上了当；“打眼儿”：在车轮下放置砖石等，以使车辆停稳。“打脸”：击打面部；“打脸儿”：指演员面部化妆。“大头”：冤大头，指吃亏上当的人；“大头儿”：指民国初期银元，因上有袁世凯头像，俗称大头儿。“带手”：旧时厨师和跑堂的搭在肩头的抹布；“带手儿”：顺便。例如：“小王请假，他的活儿，我带手儿就做了。”“当年”：指过去某一段时间，如“想当年，咱也是一条好汉”；“当年儿”：指本年，如：“扛来一袋子当年儿的小米。”

借用儿化，可把现成的词变成另一个词，例如：“头”指脑袋，儿化后的“头儿”却指头目、领导；“眼”指眼睛，儿化后的“眼儿”却指小洞、窟窿；“过节”指在节日进行庆祝等活动，而“过节儿”却指嫌隙、积怨。“儿化”还可使词性发生变化。例如：动词“垫、盖、罩”等，儿化为“（椅）垫儿、（瓶）盖儿、（灯）罩儿”等，就变成了名词。再如形容词“短、好、鲜、热闹、破烂”等，儿化为“（护）短儿、（买）好儿、（尝）鲜儿、（看）热闹儿、（卖）破烂儿”等，也变成了名词。

2.5 天津话的轻声

请看以下这组同形同音的三个词：

（1）肉头（yòutóu）——形容人行动迟缓，胆小怕事，软弱无能。例如：“老王蔫了吧唧的，三天也说不了两句话，是单位有名的肉头。”

(2) 肉头（yòutou）——指人体或物体丰满而柔软的样子。例如：“这孩子的小手多肉头啊！”

(3) 肉头儿（yòutóur）——指零碎肉。例如：“买几斤肉头儿，回去炖一锅。”

例（1）肉头（yòutóu），名词，指人；例（2）肉头（yòutou），形容词。例（3）肉头儿（yòutóur），名词，指食材。

天津话音节都有固定的一个声调，可是某些音节在词和句子中失去了它原有的声调，读成一种轻而短的声调，这就是轻声。轻声音节一般位于双音节词语的后一音节，口语复音词中有许多习惯性轻声，例如“唾沫、豆腐、刀螂、动憾、厚道、稀罕、马虎、糊涂、唠叨、哆嗦”等。动词重叠成分一般读为轻声，如“数数、量量、说说、聊聊、合计合计、说道说道、垫补垫补”等。

有些词语，靠轻声与非轻声来区别词义和词性。如“兄弟”指哥哥和弟弟，而把“弟”读轻声的“兄弟”却单指弟弟；“言语”指所说的话，而把“语”读轻声的“言语”却指开口、招呼；“运气”指武术气功的一种健身方法，而把“气”读轻声的“运气”却指幸运；“老子”指古代哲学家，而把“子”读轻声的“老子”却指父亲；“过去”是时间词，与“现在”“将来”相区别，而把“去”读轻声的“过去”却指离开此地点向另一地点去；“东西”指方向，而把“西”读轻声的“东西”却指物件；“本事”指作品主题所根据的故事情节，而把“事”读轻声的

"本事"却指本领；"大发"指天津产小型面包车；而"发"读轻声的"大发"却指数量过多，超量，如："装修就别太讲究了，要不花钱就大发了"；"拉手"指握手，而把"手"读轻声的"拉手"却指家具抽屉或门窗上便于开关的附属物；"大爷"指傲慢任性的男人，而把"爷"读轻声的"大爷"，却指伯父，即父亲的哥哥；天津话"蛋子"读轻声，是对球形物的通称，例如生瓜蛋子、屁股蛋子等，而天津话"蛋子儿"却是睾丸的俗称。从中可以看出区别儿化和轻声的重要性。

2.6 天津话的特殊读音

因受方言影响，不少天津地名存在着特殊的方言读音，譬如"水阁大街""玉皇阁""北阁"等地名中的"阁"字，不读 gé，而读 gǎo。天津著名民谚："天津卫，三宗宝，鼓楼、炮台、铃铛阁（gǎo）。"后来，这原始的"三宗宝"，或拆除，或坍塌，或遭焚，都不复存在了。于是，后来又产生了表达天津人惋惜遗憾心情的民谚："鼓楼拆，炮台倒，大火烧了铃铛阁（gǎo）。"

为什么天津话把铃铛阁（gé）读为铃铛阁（gǎo）呢？很可能是受基础方言（安徽话）影响所致。京剧唱词如"同登麒麟阁""共上凌烟阁"等的"阁"都唱为 gǎo 音。汉代麒麟阁、唐代凌烟阁，都是为表彰功臣而建造的绘有功臣图像的楼阁。在古代韵文作品中，从音律上看："凌烟阁"的"阁"读为仄声，如"功名未上凌烟阁，姓字先标聚义厅"；"不求图画凌烟阁，只为家邦致太平”。处在上句末尾的“阁”，应读仄声。京剧是徽班进京后形成的，天津方言岛的母方言是安徽淮北方言。因此，天津方言将铃铛阁的“阁”就读为 gǎo 了。

坐落于市区内的水阁、北阁、铃铛阁、玉皇阁等的“阁”读 gǎo 音；而位于市区之外的“阁”，如位于西青区杨柳青的文昌阁、位于宁河县的天尊阁、位于蓟县独乐寺的观音阁等，其“阁”字却一律读为 gé 音，与普通话读音一样。因为杨柳青、宁河、蓟县都在天津方言岛范围之外，当地居民所操方言与天津方言也不是一码事。

“阁”的中古音是 kak，是带塞音韵尾的入声字。很多汉语入声字由于失去韵尾，发音就产生了不同的分化，如剥、削、薄、约、乐等在北方方言（包括天津方言）都有韵母为 ao 的读法。例如，天津方言把“剥”读为 bāo，把“削”读为 xiāo，把“薄”读为 bāo，把“约”读为 yāo，把“乐”读为 yào 等。对于“阁”字，官话方言区很多地方都有 gǎo 的读音，不仅是天津。其他方言保留这种读音的至今也有，比如河北乐亭念 làoting，山东乐陵念 làoling，黑龙江鹤岗念 hǎogǎng 等。

总之，阁（gé）是普通话正统的文读，阁（gǎo）是民间的方言白读。那么，作为地名读音，究竟应读铃铛阁（gé）还是读铃铛阁（gǎo）呢？笔者认为，作为天津的路牌和指示牌，应当在汉字地名上方以标准的普通话注音，这一点儿也不能含糊。但作为民间的方言口语读音，天津人读铃铛阁（gǎo），就与河北省人读乐亭（làoting）一样，是历史的约定俗成，不仅是正常的，也是允许的。

天津人把“寻”俗读为 xín。例如把包好的猪肉韭菜馅儿饺子下了锅，煮上了，这才发现醋瓶子里没有醋了。去买吧，来不及了。干脆找邻居张娘寻（xín）点儿吧。另外，旧时天津人把姑娘嫁人，说成寻（xín）人。例如：“老李家三个姑娘，老大老二都寻（xín）了人，就剩下老闺女还没出阁。”

天津话把“厉害”说成 liè 害；把“来戚”说成来 qiě；把“涩（sè）”说成 sēi；把“毙（bì）”说成 biē。天津话“毙（biē）”，指枪决罪犯，执行死刑。如：“毙（biē）袁文会时我也去了，敞篷车是从小王庄大街过来的，就毙（biē）他一个，矬胖子。”“恶（ě）心”天津话说成恶（nāo）心，如：“他往馒头上猛吐两口痰，把人恶（nāo）心得直翻白眼。”

隔（jiē），隔着。如“您能隔墙瞧见东西，是真的吗？”“隔壁儿（jiēbiěr）”，墙壁相连的房子，指紧邻。“隔（jiē）辈人”指第三代，孙子（女）或外孙（女）。如：“总算看见隔（jiē）辈人了，老爷子可高兴了！”“隔（jiē）门缝儿看人”，指轻视，瞧不起。如：“你别隔门缝儿看人儿，今儿个咱有好挡儿，晌午我请你吃饭。”

另外，天津话还有相当多的“异读”字，例如：把“末了”说成 miēliǎo；把“倒数第一”称为“老末”，说成 lǎomiē；把“钥匙”说成 yàosū；把“苤蓝（piělan）”说成 piělie；把“鼻涕”说成 bídeng，等等。再如：把“洗衣服”的“洗”读成“凑（二声）”，把“棉花”读成“苗活”，把“勤俭”读成“勤近”，把“托生”读成“掏僧”，把“螃蟹”读成“螃海”，把“这是”读成“介似”，把“后晌”读成“后洒”，把“比划”读成“比乎”等。

另外，天津方言还有一些特殊的读音，例如：测（cè），天津话说成 zēi，如：“我测（zēi）他好长时间了，不是嘛好鸟！”饿（è），天津话说成 wò，如：“你饿（wò）了，那往里卧，别踩着尾巴。”痂（jiā），天津话说成 gār，如：“伤口已经扣痂（gār）了。”溅（jiàn），天津话说成 zēn，如：“你怎么回事？溅（zēn）了我一身水。”街（jiē），天津话说成 gāi，如：“都是老街（gāi）旧邻的，抬头不见低头见，去去吧！”就（jiù），天津话说成 zòu，如：“就（zòu）是这么回事儿。”昧（mèi），天津话说成 mì，如：“把这笔公款昧（mì）起来了。”弱（ruò），天津话说成 yào，如：“这就是俗话说的：财大身弱（yào）。”论（lùn），天津话说成 lìn，如：“他四六不懂的，您了就别跟他上论（lìn）了。”做（zuò），天津话说成 zòu，如：“在家做（zòu）活儿了。”

2.7 天津话的吃字

天津人说话嗓门大，语速快，因此“吃字儿”现象很明显。在说话的语流中，天津话的一些词语，其中的“字儿”就被“吃”没了。例如地名或机构名称：派出所，天津人说成“派-所”；习艺所，天津人说成“习-所”；合作社，天津人说成“合-社”；劝业场，天津人说成“劝-场”；黄家花园，天津人说成“黄-花园”；百货公司，天津人说成“百-公司”，等等。

在天津人嘴里，“豆腐”成了“豆- f”，“腐”没了，变成了儿乎听不出来的促音- f。“冰淇淋”“冰搅凌”中间的“淇”和“搅”，在说话时被“吃”进去，说出来就剩下“冰-凌”；咸菜“疙瘩头”就成了“疙-头”。“豆腐脑儿”天津人说成“豆-脑儿”，“豆腐皮儿”说成“豆-皮儿”，“豆腐丝儿”说成“豆-丝儿”，“豆腐渣”说成“豆-渣”。再如：“可惜了儿”的“惜”被吃了，变成“可-了儿”；“吃谁向着谁”变成“吃谁向-谁”；“蹬鼻子上脸”变成“蹬鼻-上脸”；“鸡蛋里挑骨头”变成“鸡蛋-挑骨头”，等等。

“吃字”进一步发展，使某些词语读音发生习惯性的变化，例如“您老”到了天津人的嘴里，变成“泥了”；“别这样”变成“别介”。

含有敬意的人称代词“您”，到了天津人嘴里，就成了“您了”。其实，这个“您了”是“您老”的方言俗读发生的音变。“您老”语音应是 nínlǎo，但天津话却说成“您了（ní-la）”。例如天津人说：“大早晨的，您了就生气，您了这是跟谁啊?”电视连续剧《杨光的快乐生活》（第一部）的片头曲“跟您了说说，我的快乐生活。”其中的“您了”，也是尊称，在表意上等同“您老”。为什么把“您老”读成“您了”呢？这是天津话发音迅捷使然。在发音过程中，nín 的尾音 n 被省略，读成 ní；lǎo 的尾音 o，乃至韵母 ao 都被省略，读成 l。结果，“您老”就成了“您了（níl）”。这也属于天津方言的“吃字”现象。天津小贩叫卖吆喝，素以简洁著称。例如小贩称柿子为“糖罐儿”，夸张兼比喻，颇有修辞含量！“喝糖罐儿去吧!”吆喝出来是“喝罐儿哟”。冰糖葫芦被称为“糖堆儿”，吆喝出来是“卖堆儿哟”。甚至干脆吆喝成：“罐儿哟”“堆儿哟”。

“别介”的“介”读轻声。天津话说“别介”，就是“不要这样”的意思，一般用于规劝和阻止。例如：“咱是好朋友，您了别介啊！”再如：“您了别介，这小事儿一段儿，可别往心里去啊！”“别介”的“介”，一般学者认为是语助词，没有实际意义。其实，天津话“介”，属于代词，就是“这样”的意思。天津话把指示代词“这（zhè）”读为 jiè。例如：“这是天津话”，用天津话就说成：“介似天津话”。普通话“这样”在天津被读成 jièyang，其中的“样”被儿化成 yaer，再加上读轻声，就只剩下“介”字后边带点尾音的- a。所以，天津话“这样”的发音，就是 jie - a。听起来，和“介”大体相同。汉语“不用”二字连读为“甭”；“不好”二字，连读为“孬”；“不可”二字，连读为“叵”；“机灵”二字，连读为“精”；“窟窿”二字，连读为“孔”，这被称为合音字。其实，天津话“别介”中的“介”，并不是没有意义的语助词，而是“这样”二字连读的合音字。天津话“别介”，是表禁止或劝阻的副词“别”，与合音字“这样”合成的一个特殊变音的方言词，表示“不要这样”的意思。

3. 天津方言丰富多彩的语汇

3.1 天津方言特殊的亲属称谓

所谓“称谓”，指对人的称呼，包括亲属称谓和职业称谓等。天津方言特殊的亲属称谓，主要介绍以下六种。

3.1.1 二哥

山东传统民俗，出门在外，遇到年龄相当的陌生男子，要尊称为“二哥”，而忌讳称“大哥”。曾请教老人，答曰：“大哥是骂人的话，大哥是王八!”其实，山东阳谷“二哥”的尊称源于对“武松”的“英雄崇拜”。山东好汉武二郎是响当当的英雄，而其胞兄武大却因妻子潘金莲的秽行而窝囊被害，成为遭人耻笑的人物。

京津地区旧时饭馆旅店，对前来食宿的男性顾客尊称二爷，却讳称大爷。典型者为茶房、伙计、店小二之类在与前来的客人打招呼时，必称“二爷里请”“二爷您用点儿什么”之类。社会交往中，亦尊称成年陌生男子为“二哥”，却讳称大哥：“二哥吃菜瓜，酸甜的。”究其原因，又与“娃娃大哥”有关。

旧时婚姻观念，早成家早生子，叫做“早立子”。但旧时医疗卫生条件很落后，天花、麻疹、肺炎等严重威胁新生儿的生命。生下男孩并平安健康，是全家人的热切期盼。于是，就到娘娘宫去烧香祈祷，请回一个泥娃娃，当作自己的儿子。家中有了这个“娃娃大哥”作为长子，于是“招弟”“连弟”“续弟”……弟弟们就接二连三地呼噜噜跟着来了。新婚不久的小媳妇到娘娘宫去“拴娃娃”，这成了天津独特的民俗。

旧时，老天津卫居民几乎家里都有“娃娃大哥”。由此，出生的头胎男孩，“排行”则成了“老二”。老二、老三对娃娃大哥毕恭毕敬，尊之为兄长，且辈辈相沿。数十年后，逢年过节，老二老三的子女也对娃娃大爷叩拜行礼。

现在，新一代的天津人，即使萍水相逢，也相互称呼“大哥”。如：“大哥，跟您了打听点儿事……”见到年纪大一些的，则一律称呼“大爷”。现在没有再称呼“二哥，吃菜瓜”和“二爷，里请”的了。这也是“移风易俗”“与时俱进”。

3.1.2　大姐

在社会交往中，用亲属称谓招呼并无亲属关系的陌生人，可以拉近心理距离，显得亲切、真诚。这种称谓理念已形成传统，各国各地，概莫能外。

汉语“大姐”这个称谓，涵盖面很宽。甭说一般的中年妇女，就是对身居高位的女性政治家，也可以亲切地称呼“大姐”。如邓颖超、蔡畅、康克清等老一辈革命家，人们亲切地称之为

“邓大姐”“蔡大姐”“康大姐”。

外地女性朋友来到天津，常会听到街市上的商贩或的哥，热情地打招呼，“大姐，您了买点嘛?”“大姐，您了上哪?”外地朋友对天津市井中“大姐”的称呼，觉得有意思。

天津人，尤其是做买卖的商贩，嘴都甜，和气生财嘛。做生意和顾客打照面，开宗明义第一条就是打招呼，究竟使用什么称谓?里面学问大着哪！还拿卖菜的说事，看见一位来买菜的妇女，三十来岁，干净麻利，你招呼一声：“大嫂!”结果，遭来白眼儿：“德性！谁是你大嫂!”人家气哼哼地走了。旁边买菜的大娘小声说：“你这个冒失鬼！人家是大闺女，还没有出阁呢!”卖菜小贩说：“嗨，我哪知道啊!”吃一堑长一智，这个教训，得管一辈子。

因此，在社交礼仪中，选用女性称谓时，应特别注意其婚姻状况，“大嫂”“大婶”“大妈”“大娘”之类表示已婚的称谓，应慎重使用。

现在的天津话，称呼陌生女性一律为“大姐”或“姐姐”，从十五六的小姑娘，到四五十的中年妇女，都可一律称为“姐姐”。十五六的小姑娘是“小姐姐”，四五十岁的妇女是“老姐姐”，这绝对没错，绝不会落包涵。

上中学十五六的一个闺女，周日陪着妈妈外出购物，到了农贸市场，娘俩分别被售货员称为“姐姐”。母女俩相视一笑，都觉得舒服受用。为嘛？闺女心里颇得意——我长大了，受到社会的尊重；妈妈也很开心——看来，我还很年轻！您看，“大姐”这个称谓，在社交场合的表达效果怎么样？倍儿好！

3.1.3 白眼儿

天津老大娘领孩子上街，半路遇到邻居，邻居就会问："这是红眼儿？还是白眼儿？"这要是让老外听见了，一定会大惑不解："说我们老外是金发碧眼，你们中国人是黑头发黑眼睛黄皮肤，怎么出来'白眼珠''红眼珠'了？"原来，天津老年人在日常言语交际中，把自己的孙子、孙女称作"红眼儿"，把自己的外孙子、外孙女称为"白眼儿"。

其实，"白眼儿"是"白眼儿狼"的省称。《东郭先生和狼》的故事在中国是家喻户晓，"狼"在中国文化中是以怨报德的动物。但为嘛把自己的外孙子、外孙女说成是"白眼儿狼"呢？首先指出：这是一种戏称（戏谑性称呼），带有开玩笑的意味。意为：尽管姥姥、姥爷再疼爱，但外孙子、外孙女毕竟是外姓人。天津俗语说："外孙是姥姥家的狗，吃饱了就走。"

老人尽管嘴上笑骂："你这个小白眼儿狼！"可对外孙疼爱有加，几天不见就想得慌。这就是有中国特色的姥姥和姥爷。

中国人讲究称谓的系统性和对应化，就是相关的称谓得成龙配套。既然外孙子、外孙女雅号"白眼儿"，那孙子、孙女也别来个"空位"，干脆就称"红眼儿"，以示区别吧！有红有白的，多鲜乎啊！

从修辞角度分析，"白眼儿"使用的是借喻手法，而"红眼儿"却是仿拟手法产生出来的。天津人称孙子为"红眼儿"，和急性出血性结膜炎的"红眼儿"毫无瓜葛，与极端嫉妒的"眼红"也绝无关系，纯粹只是为了和"小白眼儿"相对应而形成的说法。这么看来，无辜的“红眼儿”是吃了“白眼儿”的挂落了。

3.1.4 姑奶奶

姑奶奶，本指父亲或母亲的姑母。在旧时，老爷的正妻，称为“太太”，少爷的正妻称为“少奶奶”。而“姑奶奶”就是已出嫁的小姐在娘家的称呼。在天津话里，娘家称已经出嫁的女儿，叫“姑奶奶”。例如：“今个儿是大年初二，三个姑奶奶和姑爷一块儿回娘家，可热闹啦!”

后来，未出阁的女子，也被称为“姑奶奶”。例如：母亲对闺女说：“我的小姑奶奶，你就别再给我惹事啦!”再如：“俩少爷都不争气，两房少奶奶是针尖麦芒，再加上三个姑奶奶都不是省油的灯。您看吧，老宅院整天吵得跟热窑一样!”

再后来，“姑奶奶”成为性格外向女子的自称，多带蔑视别人的自大拿大之称。例如：“你敢惹我？姑奶奶饶不了你!”“本姑奶奶就不听他这一套!”“文革”期间，江青讲话就是这种无赖口吻，不过她自称“老娘”，不说“姑奶奶”。江青典型的“文革”语言就是：“好啊！你竟敢告老娘的黑状!”

老天津人家操办白事，最怕姑奶奶挑理儿。虽然姑奶奶早已出嫁，在娘家已不当家，但她可以主本宅的许多事情。主事的本家大爷、二爷都怵她三分，让她三分，至于嫂子和兄弟媳妇，对姑奶奶就更得敬重如宾了。老天津卫的姑奶奶，眼里不揉沙子，在宴席上，一言不遂意就翻呲，甚至大闹一场。用天津话说，这叫“闹丧”。因此，天津大户人家办白事，得小心翼翼地把姑奶奶侍候好了，把各项事宜都办周全，把各方面利益都摆平了。只要姑奶奶不挑理儿、点了头，顺顺当当的，那才是万事大吉呢！您看，这姑奶奶够厉害吧。

3.1.5 半个儿

“一个女婿半个儿”，是尽人皆知的汉语俗语。有的地方说成“女婿半边子”，天津话则说成“一个姑爷半个儿”。天津老人在儿女结婚前夕，总是谆谆告诫：“孝敬双方父母。”因此，天津姑爷有孝敬岳父岳母的优良传统，忠心耿耿地履行“半个儿”的职责。而天津丈母娘疼爱姑爷，那简直是没说的。

在天津，每年春节大年初二，是约定俗成的“姑爷节”——这在国内，可能是绝无仅有的节日。到了“姑爷节”那天上午，大街小巷，熙熙攘攘，人头攒动，姑爷们都打扮得整整齐齐，带着穿盛装的夫人和孩子，提着大包小包，前往老丈人家过年。据天津的的哥的姐介绍，一年三百六十五天，就属大年初二的生意最好！姑爷节这天，是出租车营业额最高的一天。那一天，也是天津姑爷下厨露一手的才艺表演日。据说，天津男子的业余烹饪水平，普遍高于夫人，在国内各大城市中，那是一枝独秀。为嘛？每年“姑爷节”的实践考验，使天津姑爷群体的烹调手艺层层脆，水平步步高！

3.1.6 一担挑儿

“连襟”，指姐姐的丈夫和妹妹的丈夫之间的亲戚关系。“襟”，指上衣、袍子前面的部分。“连襟”比喻关系亲近，两位先生的上衣都连在一起了。您看，这不就是“一根线上拴着的两个蚂蚱——跑不了我，也跑不了你”。

天津话与众不同，“连襟”在天津称为“一担一挑”，也说成“一担挑”。这是天津人的创造。遍查各种称谓词典，古往今来，还真没有“一担一挑”的说法。

何谓“一担一挑”？姐妹两个夫君之间的相互称谓也——这是很形象的称谓。所谓“一担一挑”，就是一条扁担挑着两个筐。这扁担挑在谁的肩上呢？当然是挑在老丈人的肩上了。多年前，我曾看到逃难的一户农民，挈妇将雏，挑着一副担子艰难前行的情景。一根扁担挑着两个筐，筐里各坐着一个幼儿。

“一担一挑”，就形象地比喻姑爷们与岳父利益攸关的关系。老岳父有两个千金，俩千金各自嫁了人，但岳父母对出了阁的闺女的关爱有增无减，而这种关爱更多体现在姑爷身上。新婚姑爷被称为“娇客”，丈母娘疼姑爷，那是在辙的事儿。岳父岳母和姑爷的关系，姑爷之间的关系，就是八个字：一荣俱荣，一损俱损。

当然，这“一担一挑”，是形象化的比喻，只是说说而已。真的一头儿筐里坐着一个大老爷们儿，加一块儿得三百来斤，谁挑得起来？不把老泰山压坏了才怪哪！

3.2　天津地理词语

3.2.1　表示方位的地理词语

海下（hǎi xia）——旧时指海河下游地区，即今津南、塘沽一带。“咸水沽位于海河下梢，临近渤海，所以咸水沽人自称‘海下人’，称城里人为‘卫里人’。”“海下诸村，多养船。我们家也是养船的，在海边各个港口之间运送米粮、木柴之类的特产。”“海下来了几条船，装的都是黄花鱼。”

海榔头——旧时由渤海湾来市里运鱼的海船，船头高，后梢也较高，而中间凹，船中部高竖一根桅杆，从远处看整体船型就像一把榔头，因而天津人称之为“海榔头”。后指天津海河下游地区的渔民。“小‘海榔头’们趁着涨潮从海下逆流而上，驾船进入陈家沟贩卖黄花鱼。”

海榔头调儿——旧指天津海河下游地区居民的方言。那里是海河与渤海的交汇处，口音与静海相近，加之渔民说话方音重，故称。“上世纪五十年代，村里人一般自称是海下的，而口音则称为海榔头调儿。”

华界——清末民初，天津行政区划除九国租界地之外，由中国地方政府管辖的区域。“其时的天津，尚由清朝直隶总督陈夔龙主政，南市属天津华界东区。”

下边儿——旧时天津以老城区为上，城南为下。天津城里人对城南方向的日、法、英、德租界地以及这四国租界以南的谦德庄、小刘庄、挂甲寺、下瓦房等地域，均称为下边儿。①

上边儿——旧时指天津地域方位。天津以老城南为界，南马路往南因地势低洼称“下边儿”，反之南马路以北则为“上边儿”。“我想往上边儿去，小日本拉上了电网，过卡子口得挨个检

---

① “下边儿”因位置居南及地势低洼而得名。

查。”“我想明天去上边儿买点儿东西。”

西头（xī tou）——旧时老城里居民泛指西门外的地界，位于西马路以西，旧墙子河以东，南运河以南，西关街、西营门外大街以北，属红桥区春德街、先春园街、南头窑街和小西关街。“天津西头一带回民比较集中，练武功的人挺多的。”“我告您，那小子在西头肩挎木盆卖捂豆。”

下卫——“卫”，天津的代称。旧时霸县、武清、静海，以及西郊、北郊一带居民到天津市区去，称为“下卫”。北辰宜兴埠南有一条“下卫道”，北起宜白路，南至北环铁路，是北郊通往市区的一条道路。“你赶明儿下卫，能不能给我捎点儿东西？”[①]

四口儿——四口儿指的是天津城的东、南、西、北四个城门口，在有城墙的年代，城内外货物流通出入均经此四口儿，故早年天津知县按四门划分地界，东门内外称东口，北门内外为北口，西门、南门亦如此，每口由官府指定专人充当脚夫应差。

3.2.2 天津“开”字地名

天津有一种“方位词”加“开”字的地名，如“南开”“北开”“老西开”“西广开”“东开”等，这在国内城镇地名中是极为少见的。

“南开”这个地名，最初是指旧城西门外以南的开洼荒地，就是今天南马路和南门外大街相交的西南一带地区。明朝时，这

① 天津与北京之间的各县，去北京称“上京”，去天津则称“下卫”，因民俗以北为上南为下。

一带是一片水泊，草木丰茂，芦苇丛生。明代天津八景之一的“南原樵影”，就指此地。明永乐初年在此驻军，屯田垦种。清康熙年间，开辟洼地为稻田。清代“津门八景”的“定南禾风”，就是对当时南门外稻田风光的艺术化描写。1901 年，城垣拆除后，城内居民逐渐向南门外地区迁徙，此地逐渐被开拓为城区。“南开”就泛指旧城以南的开洼地。1903 年，比利时商人在西门外广仁堂（天津最早的教养院）的南部，营建了电车公司。1907 年天津第一私立中学堂迁到电车公司之南，遂改名为“南开学堂”。电车公司和南开学堂是南开地区走向繁华的标志。尤其是南开学堂，学校以地为名，但这个寻常的地名却因南开大学、南开中学的声誉而名扬五洲。

南开——①地片名。指旧天津城南偏西一带的开阔地。“从城南太平庄到炮台庄这一大片地域统称南开。”②市区名。1956 年将第七区改名南开区，为天津市内六区之一。“红桥和南开是天津历史悠久的两个城区。”“南门外大街东边属和平，西边属南开。”③区片名。南开区片的地域范围：北起南马路，南抵原墙子河，东至南门外大街，西至南开五马路、广开大街一带。所辖区域包括南门西、西门南、蓄水池、炮台庄四个街道办事处。“从前南开有个大臭坑叫蓄水池。”“娘家在城里，婆家在南开。”④学校名。南开大学、南开中学都是闻名全国的名校。“天大、南开两校仅一墙之隔。”（指天津大学和南开大学）“你是考耀华还是考南开?”（指耀华中学和南开中学）。

北开——指天津城北门外的开阔地带，位于北营门以东的北运河畔，红桥区东部河北大街与北营门东马路交会处东南一带。

清光绪年间，周盛传因镇压捻军有功，受赐在此建造祠堂，即周公祠。民国时期形成露天旧物市场，俗称“破烂市儿”。此地黑白铁匠聚集，能工巧匠用废铁桶、铁板打造烟筒、炉子、拔火罐、铁壶、土簸箕等种种日用铁器。可带料加工，也可修理。一些工厂用的特殊构件，如“天圆地方”“活虾米弯儿”（会随风转动的弯头）等，皆可制作。另外，此处为旧木料、旧门窗、旧家具的集结地，百姓修房盖房均来此采办物料。设有饮食摊和书场，还有撂地卖艺的场地，供市民消闲娱乐。

老西开——原指位于天主教堂（今滨江道国际商场附近）以西一带的开阔地区，后泛指南京路与营口道交会口以西一带。

西广开——在清朝时是城南的旷野墓地，仅有清康熙、乾隆年间所建的育黎堂、掩骨会、白骨塔等几处建筑，当时人们习称此地为“白骨塔”。1901 年随着城里居民南迁，“南开”地区形成。此地成为“南开”再向西扩展的开拓地。随着民居建筑不断向西部开发拓展，西广开已成为南开区的区片名之一，泛指南大道以南，长江道以北，南开区片以西，墙子河以东的地域。由“西广开”又派生了“广开大街”“广开新街”“广开后街”等地名。

天津有南开、西开和北开，唯独没有东开。前些年曾有人询问笔者：“天津为什么没有东开?”当时笔者回答：“东门外面对海河，没有开洼旷野，何来东开?”其实，“东开”也是天津的老地名，位于河北区东南部，指现王串场一带广大地区。清同治九年（1870）《续天津县志·郡城壕墙图》就明确标有“东开”之名。因清末至 1949 年之前，“东开”地处僻野，人迹罕至，其发展远不及“南开”“西开”等地，故“东开”之名渐渐湮没无闻了。

3.3 天津方言与数字

3.3.1 天津人喜欢数字“八”

天津人有个习惯，无论什么事情都讲究凑成“八”。清末民初经营绸缎行业的有“八大祥”：谦祥益、瑞蚨祥、瑞林祥、瑞生祥、瑞增祥、益和祥、隆祥、庆祥，均为山东章丘旧军镇孟氏家族开设。本埠名门望族有“八大家”，清咸丰时期为“高韩石刘穆，黄杨益照临”（“益照临”指清末盐商张锦文的盐店名），后因兴衰变化，又有卞、李、王、华等家列入，而高、韩、刘等家淡出。故《天津地理买卖杂字》曰：“财势大数卞家，东韩西穆也数他，振德黄、义德王，益照临家长源杨，高台阶华家门，冰窖胡同李善人。”这“八大家”不光有钱，其中石家出了著名电影演员石挥，刘家出了著名画家刘奎龄，为天津文艺界赢得了声誉。天津历来商业繁荣、店铺林立。旧时有商街“八大巷”之说，指竹竿巷（在北门外路西）、永乐巷（在西门外太平街）、大伙巷（在城外西北角）、小伙巷（在城外西北角）、毛贾伙巷（在宫北大街北口）、大丰巷（东门外南斜街）、萧居巷（在河北大街西侧）和太平巷（在南门西坐北）。

高级餐馆和大粮店都有“八大成”。清康乾年间，天津相继开业的八家店名带“成”字的高级餐馆：聚庆成、聚合成、聚乐成、聚升成、聚源成、福聚成、义和成、义升成，均开设在侯家后一带，统称“津门八大成”。主要经营南北大菜、满汉全席，只包办预订酒席，不接待散客。对于形成天津传统菜系起到奠基作用。后由于商业中心南移，“八大成”先后停业，后在南市又新开八家，除聚庆成、聚合成为老字号外，又有明利成、聚兴成、庆乐成、聚德成、裕华成、德华成，则为“新八大成”。“津门风光八大成，四扒馆亦最驰名。”天津河东粮店街原为天津粮食东集，从清咸丰三年起陆续开设八家大粮店：成发、成益、成兴、成庆、成通、成祥、成安、成利，号称“粮店街八大成”。“冯家开了八大成，就是八家大粮店，可称富甲一方。”

天津劝业场“八大天”，在场内设八个娱乐场所，均以“天”字开头为名号，即天华景戏院、天宫影院、天乐戏院、天会轩戏院、天纬台球社、天纬地球社、天露茶社、天外天屋顶夜花园。劝业场1928年落成，是中国大型百货商场中唯一一家国家重点文物保护单位。

天津雅俗共赏的菜肴“八大碗”——旧时天津宴会用大碗盛放八种组合菜肴，因季节和需求而变化。如溜鱼片、烩虾仁、全家福、桂花鱼骨、烩滑鱼、独面筋、氽丸子、烧肉、松肉等，又有粗、细、荤、素、清真等类别。

旧时春节，天津人为美化环境、烘托气氛、祈福求吉，许多家庭都贴红色饰物，称为“八大红”：门神、春联、春条（如五谷丰登、平安如意、抬头见喜等）、斗方（福字）、吊钱（如黄金万两、招财进宝等）、窗花、年画、用绢绸编织的工艺品（如十二属相、花生串、元宝串、五彩椒等）。天津旧俗，男女订婚时，男方送给女方八件首饰作为聘礼：耳环、戒指、镯子、簪子、脖链、鸡心、头针、裤钩。富贵人家用黄金的，称为“八大金”；小门小户则多用白银的，称为“八大银”。

清代为推行科举制度而在天津建立的八个书院，称为“八大书院”：三取书院，康熙五十八年（1719）建于三岔河口；问津书院，乾隆二十年（1775）建于鼓楼南；辅仁书院，道光七年（1827）建于西北角海潮庵；会文书院，光绪元年（1875）建于仓敖街；集贤书院，光绪十二年（1886）建于水师营东；稽古书院，光绪十三年（1887）建于西北角铃铛阁；津东书院，光绪三年（1877）建于葛沽；崇文书院，光绪四年（1878）建于杨柳青。此外，在武清、宝坻、静海、宁河、蓟县等地，也均设有书院。

“八道捐”。旧时天津有八国租界，除比国租界外，人力车须到七国租界上捐，加上本国的捐，有八个捐牌的人力车才能在全市通行。“顾客：‘胶皮，我去回力球场。’车夫：‘对不起，我没上齐八道捐，没有意国捐，去不了。’”旧时天津有八个慈善组织——南善堂、北善堂、公善社、引善社、崇善东社、济生社、备济社、体仁广生社，1926年合并后叫“八善堂”。

总之，当年天津人就跟后来的广东人一样，约定俗成逢事喜欢“八”。说相声的有“八大德”，糕点铺有“八大斋”，救火的有“八大水会”，料理丧事的有“八大杠房”。姓赵的赵八爷，姓李的李八爷，姓张的张八爷，就是没有姓王的“王八爷”——天津人最腻味这个称呼。天津男人喜欢使用数目字儿称呼：王二、张三、赵四、朱五、杨六、丁八、刘九、曹十……

3.3.2 数字词语举隅

幺二三——①指事物的基本原理和一般规律。“他没那墨水儿，哪能讲出幺二三来。”②指法律、法规的具体条文。“我究竟犯了嘛法，违了嘛规，你给我说出幺二三来。”

一百一——形容好到极点。“他待你可以说是一百一了。”

二级一母儿——即本人二级工，家中老娘没工作。二十世纪六七十年代，天津为数众多的青年职工到了谈婚论嫁的年龄，在交朋友介绍男青年经济收入和家庭状况时，一概以“二级一母儿”回应。“我们车间有六七个小伙子，嘛条件？全是二级一母儿。有合适的您了给搭咯着。”

三转一响——二十世纪七八十年代，天津人把家中拥有“三转”（手表、自行车、缝纫机，缝纫机后改为电视机）和“一响”（收音机）当作立业兴家的重要标志。“三转一响是那个时代人民所能拥有的最高财富，同时也是大部分女性择偶的重要标准之一，反映出那个时代的经济状况和人民的生活水准。”“改革开放之初，生活水平稍有提高，三转一响与四季服装，成为婚礼的时髦必备。”

三节两寿——指每年向尊长者探望送礼的时间。“三节”指端午节、中秋节和春节。“两寿”所指不同，例如对于弟子来说，指师父、师母的生日；对于旧官场来说，指上司、同僚夫妇诞辰。所谓三节两寿，是学童对塾师，徒弟对师父行馈赠的日子。“《天津地理买卖杂字》：这三节，那两寿，他要装傻全不做(zòu)。”“官吏们惯使的勒索手法是飞帖打网，除了‘三节两寿’

外，什么娶媳妇、聘闺女、做满月、办丧事，下帖就得送礼。”

人三鬼四——旧时习俗，给长辈磕头磕三个，给去世的人磕四个头。新俗鞠躬仍依此例，对去世者也鞠四个躬。“人三鬼四，给死人向例叩四个。”

四六不懂——指任嘛不懂，了无所知。“四六”指四书（《大学》《中庸》《论语》《孟子》）和六经（《诗经》《尚书》《礼记》《周易》《乐经》《春秋左传》）。“这小子四六不懂，犯混，甭搭理他!”“衣服扣子或三个或五个或七个，都是单数。要是用四个或六个，人家就说‘四六不懂’了。”也作“不着四六”，即不着边际，逻辑不通。“听他说些不着四六的话。”

人五人六——指趾高气扬，装模作样的人。此处“五”和“六”，跟数量无关。“人五”是“人物”谐音，添加“人六”，为凑足音节，并无实义。“当官儿之后，一阔脸就变，人五人六的，不知自己吃几碗干饭了。”

五脊六兽——①中国传统建筑（如宫殿、庙宇等）上的烧瓷镇宅瑞兽，在五根房脊的边缘通常固定安放六个。只有功臣的宅邸经皇帝特许后才可安装，称为“仪脊”“脊兽”，以示殊荣。②因镇宅瑞兽面貌狰狞，常用来形容某人抓耳挠腮、手足无措；或无可奈何、没着没落；或张狂雀跃、狂喜炫耀；或无所事事，浑身难受；或心烦意乱、神不守舍等精神状态。“得了儿子，都不知道怎么高兴好了，一天到晚五脊六兽的。”（指张狂雀跃）“你看他，刚挣了俩糟钱儿，就烧得五脊六兽了。”（指狂喜炫耀）“吃饱了撑的，撑得五脊六兽的。”（指浑身难受）“女朋友到现在还没来，急得他五脊六兽的。”（指心烦意乱）“一天到晚没事儿干，

闲得他五脊六兽的。”（指闲得难受）

茶七饭八酒十成——旧时饭店讲究各种规矩，给客人斟茶应七成，盛饭须八成，倒酒得十成满。

七大姑八大姨——形容各类亲戚很多，令人厌烦。“七大姑八大姨吵吵嚷嚷乱出主意。”“带我回了一趟山东老家，七大姑八大姨的都见了。”

缺八辈儿——“缺八辈儿德”的省称。①指祖祖辈辈缺德。“人世间怎么还有这种混账儿子呢？祖上真是缺了八辈儿啦！”②发牢骚时的自我贬损。“嫁给你这个狗食，我算是缺八辈儿了！”

小九九儿——原指乘法口诀，后比喻心中的算计。“他心里的那点儿小九九，我早就看得一清二楚了。”“下一步工作怎么开展，他心中已有个小九九。”

管毙十——骨牌用语：牌九中以“九”为大，“十”等于零，点数最低。别的牌全能把它毙了，故称“毙十”。“管毙十”指不管用，什么也管不了。“你就是不吃不睡又管毙十呢？”“他说的又管毙十？咱该怎么办就怎么办。”

3.4 天津方言俗谚

3.4.1 反映历史的俗谚

我们把天津方言的俗语和谚语归为一类，统称俗谚。天津俗谚的特点，除群众性、口语性和通俗性之外，还带有反映历史的特点。例如俗语“北门富，南门穷，东门贵，西门贱”，就从社会经济的角度概括了天津老城厢的布局特点。老城厢是天津形成和发展的摇篮，从建城以来，直至二十世纪二十年代，老城厢始终是天津市的中心区。天津城始建于明永乐二年（1404），设卫筑城，修建门楼，挖护城河，蔚为壮观。初为土城，弘治初年改建为砖城。城中十字街向外延伸可通四向大道，十字街交叉处建鼓楼。清道光年间《津门保甲图说》：“镇、道、府、县及长芦运使皆驻城内，余文武大小公所十有四，庙三十有一，大街四，小街四，街巷一百有六。”当时北城多为官府衙门，武职区居西，文职区居东；城东北部有文庙，而武庙坐落在城西北部。老城分四个居住区，即东北角、东南角、西北角和西南角，建筑风格和道路形成各有不同，富贵人家择地建宅集中在东门和北门一带，因而东北角和东南角多为商贾富户，建筑宏伟，院深宅大。而西南城区，地势低洼，是贫苦百姓的居住地。因此产生了“北门富，南门穷，东门贵，西门贱”的说法。

“当当吃海货，不算不会过”，这句耳熟能详的天津民谚，蕴含了三层意思：第一，表明天津饮食讲究应时到节，天津人无论富豪或小康家庭都讲究吃，舍得吃；第二，表明天津地域，盛产河海两鲜。时令海鲜，对天津人来说是挡不住的诱惑，而且上市期限短暂，过这村就没这店了；第三，表明旧时天津当铺林立，当当很为便捷。所谓“当当”，就是到当铺去当衣物等东西。前一个“当”字是动词，指典当行为。后一个“当”字是名词，指典当的衣物等物品。例如：“家里揭不开锅了，只好当当去。”“老人病了，等着抓药，只得包上皮袄当当去。”急需用钱的人，前去当铺当当，等于用家中衣物抵押贷款。凡衣物不值钱的，当铺不收；而值钱的衣物，当铺也只付给极少的当值，并限期十五个月内交付所当款数加高额利息赎回。过期不赎，即为“死当”，所当衣物任由当铺拍卖。

回到天津民谚“当当吃海货，不算不会过”上来。其实，大快朵颐“吃海货”之浪漫豪情，与万般无奈“当当”的酸辛，两种境遇有霄壤之别，很难合拍——只不过是天津人极度诙谐的说法而已。俗话说“鲜鱼水菜”。天津人爱吃鱼，讲究买活鱼，因为活鱼新鲜，或清蒸或家熬，味道鲜美。可是鱼贩子却非得把鱼摔死了再卖，这岂不是冒傻气，赶上行市都赔吗？在正常情况下，鱼贩子决然不会干这样的蠢事。这只是一个生动形象化的比喻。但是，在人事交往中，在领导作风中，“活鱼摔死了卖”的现象却屡见不鲜。

3.4.2 描摹社会的俗谚

“活鱼摔死了卖”是著名的俗语。比喻某类人不会办事，不会做顺水人情，结果弄巧成拙，把漂亮事儿办蠢了，把好事儿办砸了。有些事不管早晚，你是必须得做的，早做，主动地做，皆大欢喜，赢得一片喝彩，事半功倍。你晚做，被动地做，最终也得做，但错过了最佳时机。你最后付出的财力、物力、人力，一点儿都不少；但接受恩惠的人，觉得你并非出于真心，是不得已而为之，是皱皱巴巴的应付，是大势所趋下的被迫而为。结果得到你的好处的人，却把小脸儿一绷，不领情，不买账，倒骂你是“吝啬鬼，穷抠儿，小家子气”，是“牵着不走打着倒退”，是

"雨后送伞"——您说,"活鱼摔死了卖"这种做法,冤不冤啊!

天津话有个十分有趣的词语,叫做"装大尾巴鹰"或"愣充大尾巴鹰"。顾名思义,所谓"大尾巴鹰"的字面义,就是尾巴特别大的鹰。其实,"鹰"这种猛禽,其生理特征是鹰鼻鹞眼,炯炯有神;钩嘴利爪,克敌制胜;双翅发达强劲,故能高飞云端。如果鹰要是长上孔雀式的大尾巴,那就成了大累赘,不仅飞不起来,恐怕得活活饿死。举凡大尾巴鸟类,如孔雀、山鸡等,羽毛漂亮,但都飞不高,性情温和,主要供人观赏。至于翱翔长空,搏击狐兔,那是长着小尾巴的鹰隼之专利。

"装大尾巴鹰"是天津话一个生动的比喻,比喻自高自大,目中无人,不知天高地厚,好大喜功,谎话连篇,扮酷装大,性喜招摇的人。比喻自以为是,七个不含糊,八个不在乎,事事能耐梗,处处充好汉的人。天津话有俏皮话:"麻雀落在墩布上——愣充大尾巴鹰""屁股后边夹扫帚——愣充大尾巴鹰。"典型的大尾巴鹰,就是刘宝瑞相声《开药铺》中那个不懂装懂的"假行家"。在药铺开张那天,有顾客买药材白芨,就白送大白鸡一只;顾客买药材银术,就白送一颗银珠;顾客买药材附子,把满不懂掌柜父子二人卖给人家了……在这个热热闹闹的荒诞讽刺喜剧中,愣充大尾巴鹰的"假行家"已成为不朽的艺术典型。

近年来,"关键时刻掉链子"这个俗语,流行得很广。"掉链子"的本意,是指自行车常见的一种故障,就是在骑行中车链子突然脱离轮盘,掉了下来。掉链子的原因,一是因为链条太长,二是或变速车前后拨链器的限位螺母没有调解好。"掉链子"虽不算致命的大毛病,但很烦人,很腻歪人,因为耽误事儿。人们喜欢说“关键时刻掉链子”，就是在非常重要的时刻，比如，骑车前去签订合同，或在参加考试或出席约会的途中，车链子却突然掉了，使你心急如焚，手忙脚乱，无计可施，结果是功败垂成，甚至连煮熟了的鸭子都飞了！生活中的“掉链子”的确令人沮丧！这种在关键时刻发生的失误，犹如舟船抛锚，恰似钟表停摆，一步赶不上，步步赶不上，甚至功亏一篑，满盘皆输。

“河里没鱼市上看”，比喻这里见不到的人和事，但在别处却比比皆是。“河有两岸，事有两面”，比喻处理问题应辩证而公正，不能顾此失彼。

3.4.3 劝诫人生的俗谚

天津人参透了世事生活中的智慧。他们对待那些不会办事的年轻人，不是直接批评规劝，而是善于用饱含哲理的俗语谚语去委婉地劝诫，使之领悟。例如天津俚俗谚语：“别在一棵树上吊死”——比喻处理问题时，忌讳墨守成规，而要灵活变通。“官盐别当私盐卖”——比喻合法的事情要理直气壮地公开办理，不能藏着掖着，以免遭人猜忌。“不见兔子不撒鹰”——比喻要看准时机，找准目标，有充分把握后，再采取行动。“听蝲蝲蛄叫就别种地了”——比喻对于闲言碎语、风凉话，不必介意，而应坚定地照章行事。“没有金刚钻，别揽瓷器活”——比喻缺乏必备的条件，就不要承揽艰难的工作。“是骡子是马，拉出来遛遛”——骡子是驴和马交配所生的杂种。其中公马和母驴交配所生的叫驴骡，公驴和母马交配所生的叫马骡。不管是驴骡还是马骡，一般都不能生殖。马、骡体形类似，本领却各有所长。骡子食量小，行速慢但负重大；马食量大，负重小但善奔跑。现实生活中的嘴上巨人夸夸其谈，无所不能。一旦让其展示真才实学，就成了滥竽充数的南郭先生了。衡量一个人的能力，最好的办法不是听其言，而是观其行。是骡子是马？拉出来遛遛就知道了。这条俗语比喻通过实际比试辨别真伪优劣。

3.5 天津方言俏皮话

歇后语属于熟语语种，它在口头中流传、习用定型，风格通俗平易，为人们喜闻乐道，具有深厚的修辞意味。它有三个特性，一是语构上呈前喻、后解两截的语句形式，二是风格上的俗中寓俏，三是语用上常常可以歇后。人们把群众口头创作的歇后语，称为俏皮话。

3.5.1 人物俏皮话

天津方言俏皮话：“赵老二扛房檩——顶这儿了。”就是说某人或某事到此打住，不会长进，亦无发展，也没前途的意思。但这个歇后语还隐含着鲜为人知的一个笑话：传说赵老二因生活无着，到处踅摸，趁人不注意，偷了一根房檩，扛起来就跑。跑了不远，就听到后边有人追来并高呼：“逮小偷啊！有人偷房檩了！”赵老二抬眼一瞧，前面恰好有一面墙离了歪斜地要倒。他灵机一动，立即将房檩顶在危墙上。然后，一边儿擦汗，一边儿笑嘻嘻地迎接追来的人群。甭矫情，也甭掰哧，眼前事实就是铁证——赵老二扛起房檩就跑，这绝对不是偷，而是见义勇为，抢险救急。——这就是“赵老二扛房檩——顶这儿了”。

“刘二爷剥蒜——两耽误”也是天津著名的一句俏皮话。话说光棍刘二爷住在大杂院里，远亲不如近邻，左邻右舍对他时常照顾。隔壁邻居老王，平日凡做岔样儿饭菜，如饺子、包子、捞面之类，总给刘二爷端过一大碗。刘二爷有时也给邻居小孩捎来糖果玩意儿之类。一天周日歇班，上午十点多钟，刘二爷听到隔壁传来剁肉剁菜的声音，一琢磨，老王家准是包饺子了。于是刘二爷美滋滋地把一瓶二锅头撂在桌子上，一边哼着小曲一边剥蒜。老王家六岁的老儿子来刘二爷家玩儿，二爷给孩子一个苹果，爷俩儿说笑话，做游戏，玩得很融洽。快到中午了，孩子回家吃饭。妈妈正在煮饺子，问孩子：“儿子，刘二爷今儿做什么饭啦?”孩子说：“刘二爷剥了一碟蒜!”妈妈一琢磨：“呦！重样儿啦，原来刘二爷今儿个也包饺子啊！算了，咱就别送了。”可是，刘二爷已经斟上酒，只等饺子就酒越吃越有。结果，左等右等，上看下看，一直等到下午一点……——这就是“刘二爷剥蒜——两耽误”。刘二爷、赵老二，都是天津卫下层百姓的典型。他们的喜怒哀乐、悲欢离合，都以一种诙谐喜剧的面貌呈现在大众面前。人们在述说他们幽默故事的同时，似乎蓦然窥见父辈艰辛创业的身影。他们苦涩酸辛的经历，却凭借着幽默、诙谐、调侃，来淡化，来缓解，来消除。因而，形成了天津下层百姓面对逆境却不屈不挠的勇气和硬性。

马三立大师塑造的“逗你玩”形象，少马爷塑造的“丁文元”形象，为什么享誉津门且走向神州？就是因为他们狡黠却可爱的小市民风尚，拨动了天津百姓的心弦，使他们在笑声中观照到移民城市下层文化之精髓——可怜而可笑，可恶且可爱……

“二小”系列：二小踩高跷——瞧这几步走；二小吃烩饼——不叫（觉）焖（闷）（注：大饼加工，一焖一烩）；二小穿大褂儿——规规矩矩；二小穿缎儿鞋——不掸你（注：不用掸子掸，即不搭理你）；二小丢钱包——傻眼了；二小放鸽子——又回来了；二小拉胡琴——吱咕吱（自顾自）；二小嗑瓜子——专咬心上仁（人）；二小买画——一样一张；二小买香瓜——弹弹（谈谈）。

“猴”系列：猴儿吃麻花儿——满拧；猴儿穿马褂——人了；猴儿拉车——说翻就翻；猴儿拉稀——坏了肠子；猴儿吃核桃——满砸；猴儿吃芥末——翻白眼；猴儿进冰窖——满凉；猴儿拿虱子——瞎掰；猴儿排队——满不挨着；猴儿骑自行车——玩轮子；猴儿屁股——自来红（注：月饼品种之一，极左时代又指出身好的人）；猴儿推磨——玩儿不转。

人物评价系列：属对虾的——拴一块儿了；属狗的——翻脸不认人；属蛤蟆的——没眼眉；属耗子的——撂爪儿就忘；属画眉的——就是嘴能耐；属面鱼的——没骨头；属黄花鱼的——溜边儿（注：黄花鱼是海鱼，成群来去有汛期，并不溜边儿。河中有种一寸多长的小鱼叫黄果鱼，性喜溜边儿。此条系以讹传讹，却因侯宝林的相声而广为流传）；属鸭子的——会吃不会拿；属鹦鹉的——有时也说两句人话。

3.5.2　行业俏皮话

我们现在说的“理发”，旧时称作“剃头”。走街串巷的剃头匠挑着扁担，扁担一端是宽沿儿深底小铜盆。铜盆下有圆桶，内装炭火炉，使水保持一定热度，为客人洗头刮胡子用。另一端约两尺高的柜凳为理发顾客坐具。凳腿间夹置三个抽屉：最上一个是放钱的，钱是从凳面上开的小长方孔里塞进去；第二个抽屉放置围布、刀、剪之类理发工具；最底层的抽屉放置木炭。铜盆一端竖起一根小旗杆，旗杆上有钩，挂着杠刀用的宽皮带和洗脸手巾等。旧时津京地区的剃头匠，以宝坻人为多。由剃头行业产生了一组歇后语，譬如："剃头的挑子——一头热"，描绘婚恋或合作双方，一方表示热情主动，而另一方却冷淡漠然。"剃头的不打唤头——没想（响）了。"借"想"与"响"谐音，突出"没想了"，表明某事进展受阻，濒临失败，已无成功希望。"剃头师傅拍手——忒（推）好咧！"借理发完毕，理发师拍手告知之"推好咧"谐音为对某事某人的赞誉——"忒好咧"！

天津话把差不多，差不离儿，说成"大概其"。俏皮话"近视眼念天益斋——大盖（概）齐（其）"，就讽刺那种粗枝大叶的人。店名"天益斋"和"大盖齐"是形似字。

天后宫旧时专卖儿童玩具的小摊儿很多，人们叫它"要货摊"。所谓"要货"是指供小孩玩要的各种小玩意儿。俗语"娘娘宫的小玩意儿——要货儿"，却是批评工作不扎实，办事要乎的年轻人。例如"这小子是'娘娘宫的小玩意儿——要货儿'，关键时准给你掉链子！"上海先施公司的牙刷在天津销路很好。牙刷把上印着"拔毛包换"四个字。天津俏皮话"先施公司的牙刷——拔毛包换"，就讽刺一毛不拔、生性吝啬的人。骂人的话"德性"，天津人也用俏皮话拐弯儿说："宫北大街的帽铺——德兴（性）。”娘娘宫的宫北大街原有一个专卖帽子的商店——德兴帽铺。

3.5.3 民俗俏皮话

汉族最重要的节日莫过于“年”，过年从腊月二十三“祭灶节”（又称“小年”）开始，所要祭祀的灶神俗称“灶王爷”。旧时人们把灶神当作一家之主来供奉，灶后墙上贴着灶神像，像前有一块板，摆放香炉和供品。腊月二十三这天，灶神要上天去见玉皇，报告这一家人在过去的一年中的表现。为了让灶神在玉皇面前说好话，祭祀时供奉牙糖，又称“糖瓜儿”；傍晚时，人们将旧神像揭下，连同剪好的纸马和几节喂牲口的谷草一起放在灶内烧掉，就算把灶神送上天了。在这个风俗基础上，产生了一些俏皮话，如：“灶王爷横批——一家之主”；“属灶王爷的——谁家锅台都上”；“灶王爷贴在腿肚子上——人走家搬”；“灶王爷伸手——稳拿糖瓜”；“灶王爷折跟头——离板了”；“灶王爷上天——多说好话”；“腊月二十三的灶神——要上天了”等。

大年三十和初一是一年最重要的日子。房屋内外打扫干净，门上贴红色春联和门神。于是产生了俏皮话：“大门上的春联——一对红”；“门框贴春联——一定成对”；“大年三十买门神——最后一拨儿”；“正月十五贴门神——晚了半个月”等。年三十晚上一家人吃年夜饭，又称“团圆饭”；北方人子时吃饺子；长辈给小孩儿压岁钱，燃放鞭炮；饭后一家人围坐一夜，称为“守岁”。在此基础上产生了歇后语：“大年午夜的鞭炮——一阵接一阵”；“三十晚上吃团圆饭——人齐话圆”；“三十晚上煮稀饭——不像过年的架势”；

“三十晚上守岁——送旧迎新”等。年初一要早起，摆供品祭祀祖先；年轻人给长辈拜年；人们见面后互道吉祥话相互祝福。在此基础上产生了俏皮话：“大年初一不上供——没神”；“大年初一拜年——你好我也好”；“大年初一见面——只说吉利话”等。正月十五元宵节，也叫“灯节”，是人们尽情欢乐的日子。传统习俗吃元宵、放烟火、耍龙灯、舞狮子等，源于此俗的俏皮话有：“正月十五煮元宵——纷纷落水”；“正月十五看花灯——走着瞧”；“正月十五踩高跷——半截不是人”等。

3.5.4　再现历史的俏皮话

绕城转——白牌儿（注：《天津地理买卖杂字》：“四马路，安电线，白牌电车围城转。”1906 年 6 月，第一条公交线路——环城有轨电车正式开通运行。其线路从北大关起，分别驶向东、西两面，沿围城马路环行。“白牌儿”也指政治面目非党团员）；日本轮船——满丸（完）（注：日本船只命名，不称某某号而称某某丸，如“满洲丸”，因谐音“满洲完”，而遭国人耻笑。天津码头常有日轮“某某丸”停靠，百姓仇恨日本侵略者，恨不得日本完蛋，故戏称）；拜佛进了玉皇阁——找错了门儿；海光寺当家的——衡（横）宽（注：旧时讥讽女子脚大）；大老俄卖毯子——扔脖子后头（注：旧时租界里贫穷的白俄人在卖毯子时，常将毯子搭在肩头。扔脖子后头，指把过去答应的事儿置之脑后，抛在一边）；大老俄卖面包（或卖胰子）——没法子（注：旧时租界里贫穷的白俄人在卖面包时，常用生硬的所谓汉语说“没法子”，即日子不好过，无可奈何的意思）。

3.6 天津方言外来词

外来词也称为借词，指一种语言从别的语言里借来的词汇。汉语外来词可分为音译、音译加意译、音译与意译结合、直接借用四种形式。天津方言外来词主要源于满语和蒙古语，还有少数源自英语、俄语和日语。

3.6.1 源自满语的词语

（一）有定音无定字的口语词

活跃在口头上的天津方言词语，俚俗而生动，但其中有一部分词儿，有音无字，难以书写。例如："shún 鸟外国鸡""嫌 shún""添 shún"的 shún；"谁愿意 dán（搭理）他"的 dán；"对孩子太 shèng（溺爱）"的 shèng 等，这些单音节的词儿，都找不到确切的汉字来书写。说这类词儿"有音无字"，是统而言之，确切地说应是"没有确定的字"。

再如：冻得直打 dēidei（哆嗦）；真 huòhuo（糟蹋）人；小孩吃 gège（奶）；纯粹一个傻 béirbeir 等。这些叠音方言词儿，你可以写成"得得、祸祸、个个、贝贝"，至于写得对不对，为什么这样写，究竟该如何写，见仁见智，令人犯难。方言口语词一旦写成文字，就会出现若干个不同的词形。这类词语，口头有定音，书写没定字；说时挺溜乎，写时却犯难。这种现象很值得语言学界同仁进一步探研。

没有固定书面词形的天津方言词语，简直多不可数，为行文方便，所引例词仅列一种词形。属于动词性质的，如嘞洛（吸吮意）、驮嗒（絮叨）、嘎秋（走路速度极慢）、愤秋（蠕动）、顾涌（轻微动弹）、茄嗒（对旧时恩怨耿耿于怀而埋怨）、恣崴（不服气）、受临卑（失去长辈呵护后处境困苦）等。属于形容词性质的，如筋叨（食物有韧性）、肆横（形容恣意享乐）、泰晦（舒适）、咯应（令人恶心）、折理（刁钻生事）等，都没有一个规范固定的书写形式。

（二）满语对京津社会语言的影响

满族是我国少数民族之一。满族发源于长白山，后入主中原。清代鼎盛时，人数有数百万。清室灭亡后，满族仍存。它先是采用了汉字，后又逐渐采用了汉语。目前，齐齐哈尔北面有个小村子叫“三家子”。据称仍有居民会说满语，小学还有满语课。历史上这里住着计、孟、陶三姓的老百姓，都是满族。不过，现在那里讲满语的年轻人也不多了。我国现存满语档案尚有《满文老档》《满洲实录》等上百万件。当前仅有目录。翻译原文已经是十分困难的事了。黑龙江省有满语研究所。研究满语的出版物有《基础满语概论》、《满语文法会要》等专著。但满族人会说满语的已成凤毛麟角。

满语的历史遗存却在汉语词汇里体现出来。例如：“这闺女可真格涩，整天耷拉着个脸子，一不合适就翻呲，真够折理的！”这是地道的天津卫土语。其中的“格涩”“耷拉”“折理”“翻呲”

几个词，都是传统的满语词。格涩指特别、不合群；耷拉指下垂；翻呲指生气、翻脸；折理多指女性不好伺候，别别扭扭，腻腻歪歪，刺儿了嘎叽，气人有笑人无，香东家臭西家的，让人头疼！“穷得叮当响”，“叮当”来自满语，也是穷的意思。响则是后加的。

（三）萨其码·德合乐

《燕京岁时记》中写道：“萨其码乃满洲饽饽，以冰糖、奶油合白面为之，用烘炉烤熟，遂成方块，甜腻可食。”萨其码以其松软香甜、入口即化的优点，赢得人们的喜爱。满族入关后，萨其码在北京开始流行，时至今日，萨其码作为满族饽饽的美味，已经从北方传遍了全中国。

满族风味糕点“萨其码”这个词，最早见于清乾隆三十六年大学士傅恒等编的《御制增订清文鉴》一书。制作萨其码的最后两道工序是：切成方块，随后码起来。“切”满语为萨其非，“码”满语为码拉木壁。“萨其码”是这两词的缩写。清王朝建立后，满族民众入关，满汉杂居，生活习俗，语言词汇交流融合。萨其码作为一种民族风味食品，也被汉族人民接受。萨其码的名字也成了两族人民共同使用的名称。

“德合乐”，是中国式摔跤的一种招式。如：“你下回敢再搅和，先给你来个脖溜儿，再来俩儿蹬罐儿，最后再来个德合乐。叫你小子长记性！”再如：“他伸手搭住对手的胳膊，来了一个德合乐。然后，将对方拦腰抱起，又来了个背摔，将对手狠狠地丢在地上。”可见“德合乐”跟“大别子”“小别子”“挑钩子”“背口袋”等，都是中国式摔跤的术语，属于技法动作一类。据摔跤运动员介绍，“跪腿德合乐”本是蒙古式摔跤的主要技巧之一。在中国式摔跤中称为“变脸背负投”，多为小个子运动员使用。使用这种技法的人，自己的身体也跟着被摔的对方一起砸到地上，很精彩，但动作也很危险，没有经过专业训练的人，不宜使用。“德合乐”不属于汉语原生词汇，是来自满语的外来词。

（四）源自满语的汉语音译词

汉语音译词有一部分源自满语。源于满语的汉语音译词还有“啰唆、喇忽、骨立、扎孤、胳肢、瘆”等。“啰唆”指说话、办事不利落。“喇忽”是粗心、疏忽的意思，如：“你这个人哪，太喇忽（lǎhu）啦！”“骨立（gúli）”是称赞物品外形精美。“扎古”是打扮、装束的意思。“胳肢”指在别人腋下、脚心等处抓挠，使发痒发笑。“瘆”是令人害怕、恐怖的意思，如天津话说：“这个倒霉玩意儿，看着就瘆（shèn）得慌！”

昆虫“蝼蛄”，俗称“喇喇蛄”。生活在山坡树丛中的一种蛙类，名为林蛙，其雌性腹内的胶状脂肪块可做营养滋补品，俗称“哈士蟆”。“喇喇蛄、哈士蟆”之名，都源自满语，为音译词。再如“嫫嫫”又作“嬷嬷”，指奶娘；“妞妞”又作“妞儿”，指小女孩。这两个称谓词也源于满语。老北京人在反驳对方、表示鄙视时，喜用语气叹词——“姥姥！”，这个词儿亦为源于满语的音译词，词义当然不指外祖母，而表示强烈的“不信、不服”的含义，潜台词是“没门儿、少来这套！”。

有一些源于满语的汉语音译词，徒有音却无固定的词形，例如：哆嗦、颤抖，俗称 dēidei，如："冻得直打 dēidei。"衣服不整洁、不修边幅，被称为 lēte，如："你看，又是这几个 lēte 兵!"有的词即使有固定词形，但用汉语也难以解释其构词理据，如"把势"，也写作"把式"，指精通某种专门技艺的人，如"车把势、花把势、老把势"等；又引申为武术，如"打把势、耍把势、练把势"等。这个词源于满语 baksi（义为老师），如再深究其源，系来自古汉语的"博士"。

天津方言中的满语词有相当多的是从北京的方言中传来的；有的是直接积淀在天津的方言中的。天津方言一些常见的词语，来源于满语词。

1. 名词类

指亲属称谓的：如：阿哥——①同辈彼此间的互称。②父母对儿子的称呼。对皇子的通称。贝勒——地位次于亲王、郡王的贵族爵位。格格——公主和皇族女儿的称呼。福晋——亲王、君王的妻子。额娘——对母亲的称呼。以上称谓对于广大受众，亦已耳熟能详。嬷嬷——源于满语，意为"乳""奶"，转意为"乳母"。

指人体部位的：如：波拉盖儿——膝盖。脖梗子——梗，脖子。个个——乳房。卡巴裆——裤裆。哈喇子——口水。眵目糊——眼内分泌物，即眼屎。

指物品的，如用靰鞡草填塞制成的皮靴"靰鞡"，冬季穿用。用牛皮或猪皮缝制，内絮靰鞡草，既轻便，又暖和，适于冬季狩猎和跑冰。

2. 动词类

手的动作：湊（阳平）——洗（衣裳）。胳肢——用手挠别人痒痒。咔哧——把里面黏附的东西用利器刮下来。捣腾——挪来挪去，来回搬。划拉——好歹扫几下。捅娄子——闯祸。糟践——损坏。

嘴的动作：掰哧——分辩清楚。啰唆——说话絮叨，反反复复。瞎诌白咧——瞎诌，汉语，胡编，白咧，原义狂妄。央各——求告，请托，说好话。诈唬——虚张声势，大呼小叫。呵斥——责备。勒勒——（瞎）空谈。

身体的动作：侧（zāi）歪——向一边倾斜，侧，满语，歪，汉语。勺叨——话多而无条理，无分寸。

感受：嘟噜——板着面孔。膈应——使人讨厌，厌恶。指外界刺激引起内心深处的不良反应。

3. 形容词类

形容动作：麻利——爽快、利落。磨蹭——烦琐缓慢。

形容状态：骨立——称赞物品外形精美。埋汰——不干净、肮脏。邋遢（lēte）：——形容穿戴不整齐，不利索。拉里拉塌——衣衫不整。兀里巴图——水不凉不热，比喻办事不利索。马马虎虎——办事不认真，毛糙。磨唧——磨蹭。个扭儿——奇特，个别。拉忽——粗心大意。哈喇——食物变味，刺鼻。

4. 副词类

挺——很，十分，非常。白——意为徒然、空。巴不得——就盼着。

在此说明，天津方言中的满语音译词，是从北京传过来的。

北京地域文化特殊，元设大都，大量蒙古贵族迁入；明成祖定都，大量南京贵族迁入；满清入关，大量八旗子弟迁入。于是，在北京形成由蒙满遗风笼罩着的皇城文化和精英文化。从政治形态分析，元清两朝游牧民族的文化已成主导，而汉族则处于被统治地位。于是，蒙语、满语词汇在北京话里遗存较多。

3.6.2 膀大力：中西文化混血儿

天津方言有个词儿："膀大力"，就是说实在的，说真格的，实打实的，靠得住的意思。例如："跟您说膀大力的吧，最低价八百元，再少不行了！""这小子花拳绣腿，来膀大力的立马就现了原形！"

据著名民俗文化学家李世瑜先生考证：天津方言"膀大力的"，是英文"boundary"的音译，意为边缘；引申为到头、到底、到家的意思（见《天津的方言俚语》第56页）。幽默大师马三立的相声《对对子》，在夸耀本人的书法好时，说："咱说膀大力的啊……"捧哏的王凤山立刻打断他说："哎呀呀，你瞧有学问的人，有这么说话的，还说膀大力的！""什么大学毕业？大学毕业有说膀大力的吗？"马三立还有一段相声，也说："咱跟你说膀大力的……"捧哏的赵佩茹立刻说："瞧这一嘴炉灰渣滓！"由此可见：在天津人普遍的意识中，"膀大力"这个词，并非上层社会的文明语言，似乎属于下层社会江湖行话的性质。

为此，我专门请教了八十七岁的李世瑜老先生。李老说："膀大力的"这个口语词，确实源于英语"boundary"。最初在天津洋行和码头的中高级雇员中流行，后逐渐成为码头中的习用语，最后流传到社会。其性质就是产生于天津码头的外来词。

旧时人们把从事装卸运输工作的人称为“脚夫”，就是“车船店脚牙”中的那个“脚”，是被世人轻蔑的行业，属于下九流，难登大雅。天津话称之为“脚行”，当年的码头工人被称为“扛大个儿的”，属于没文化，没技术，靠肩膀扛包，卖力气吃饭的“苦大力”。天津卫的脚行由封建恶霸把头把持，为了抢码头，争地盘，争行夺市，常常发生群体械斗。在世人看来，这是惹不起，瞧不起，唯恐避之不及的行业。

“膀大力”这个词儿，后逐渐流传到天津社会生活中。天津人对其外来语的洋身份和原始词源，茫然无知，就只能依照词的字面义去理解解释。在天津人的心目中，所谓“膀大力”，就指膀大腰圆，卖苦力干粗活的人，就是凭肩膀吃饭的“苦大力”。很显然，这种解释与英文“boundary”已毫无关系。用语言学术语来说，这属于“流俗词源”。

在码头上扛包装卸是实打实的硬活儿，来不得半点儿偷懒要滑。于是，天津话“膀大力”，就被引申为说实在的、说真格的、不掺假的意思。

如对“膀大力”进行亲子鉴定，它是租界文化与码头文化的混血儿。它本为英语音译词，但鲜为人知；作为方言词语，它又源于码头，因而天津人认为它难登大雅。从“膀大力”这个洋气十足的外来音译词逐步演变为俚俗方言词语的复杂过程，我们可以窥见近现代社会汉语词语的演变轨迹，也可以感受到中西文化在天津的碰撞与融合。

3.6.3　天津话里外来词

伯役——源自英语 boy，指洋行、银行、餐厅等处的仆人、侍者、茶房等服务人员。“日本洋行的伯役，为东洋人挑水扫地干杂活儿。”“只要王先生一到，餐厅老板一定亲自带着两名伯役肃立侍候。”

拉斯坎儿——英语 last card（或 last gasp）的音译，扑克术语，意为决定输赢的最后一张关键的牌。指最后的关键时刻。“在这拉斯坎儿时，谁都不能含糊!”

南脖万——指旧时外商工厂车间的工头，源自英语（number one）“1 号”的译音。即上海话所谓的“那摩温”。旧时在天津的外商工厂，外国管理人员把中国工人都编上号，点名时不叫人名只叫工号，而各车间的中国工头都排在第一号。“南脖万就是洋人的帮凶，他们可以任意惩罚工人。”

轱辘马——日语くるま（车）的译音。指靠人力推动，在小铁轨上运行的小型翻斗车。“发电厂有两条不走火车的小铁道，运行用人推的轱辘马，运来煤炭和运出炉灰。”“暑假期间在砖瓦厂推轱辘马，挣出下学期的学费。”

3.7　源于隐语行话的方言词语

笔者在编写《天津方言词典》的过程中，在对一些词语的词源和构词理据进行寻根溯源分析时发现：相当数量的天津方言语汇源于隐语行话，是江湖文化在天津方言中的典型反映。

3.7.1 江湖文化与码头文化

隐语行话是一种特定的民俗语言现象。它是某些社会集团或群体处于维护内部利益、协调内部人际关系的需要，而创制、使用的一种用于内部语言交际的，以遁词隐义、谲譬指事为特征的封闭或半封闭性符号体系。①

历史上属于江湖文化的隐语行话在大都市的流行更为集中，《北京话流行语》② 和《上海话流行语辞典》③ 均辑释了数十条进入现代流行语的旧时隐语行话。《天津方言词典》④ 辑释进入天津方言语汇的旧时隐语行话，共近两百条。

隐语行话得以产生发展的基础就是江湖文化，江湖文化的复杂性，就表现在它既藏龙卧虎又藏污纳垢——珠玑与鱼目相混，金玉与败絮杂糅。良莠并存的江湖文化一旦进入城镇都市，与之最贴近最合拍最能发生共鸣的就是市井文化。江湖与市井这两个社会群体，皆处底层，家无恒产，居无定所，多无家室之累；皆以薄技为生混饭糊口，往往一拍即合，牵手同行。

天津历史上的市井文化，就是由漕运、码头、商埠和游民这四个要素组成的，在天津文化生成中占有重要的位置产生了巨大的影响。著名津派作家林希将这种文化命名为草根文化（其实

---

① 曲彦斌：《民俗语言与社会生活》，社会科学文献出版社，2012 年。
② 周一民著：北京燕山出版社，1992 年。
③ 阮恒辉、吴继平编著：汉语大辞典出版社，1994 年。
④ 谭汝为主编：天津人民出版社，2014 年。

“市井文化”和都市内的“草根文化”属于同义殊名），他认为：“草根文化，是相对于御用文化、殿堂文化而言的。生于民间，长于民间，没有经过主流意识的疏导和规范，没有经过文化精英的加工改造，充满着乡土气息，蕴涵着丰富的生活共识，草根文化不仅定规着天津人的生活理念，更影响着几代天津人的精神境界。”①

天津方言源于旧时隐语行话的语汇数量似乎多于北京和上海，究其原因，大致有四：首先，天津的市井文化（或言之为草根文化）相当突出而活跃，在历史上与江湖文化发生共鸣，相互吸纳是顺理成章的趋势。其次，作为北方大商埠和戏曲之乡，天津市井对于表现力强的外来词语，有一种与生俱来的敏感，并擅长将其“拿来”，加以吸纳和改造，使之成为自家的新词语，并很快地流行开来。再次，天津码头文化的主体部分是失去土地的北方农民，他们以“闯码头”的形式进入天津，其思维方式、价值观念都属于小农经济式的，在讲义气、抱团儿、性情豪爽淳朴之外，视野狭隘、不思进取、随波逐流思想性格特点也显而易见。天津码头文化和脚行就是隐语行话生成的环境。最后，谈天津历史上的“混混儿现象”。中国城市流氓阶层的膨胀是一个典型的社会现象，而在天津，流氓阶层形成一种独特的形态，就是混混儿。其产生的历史背景是：水旱码头需要大量的流民去装卸运输，于是在天津就出现了众多的脚行和锅伙，就出现了为数众多的“混混儿”——城市流氓。

---

① 林希：《草根文化里的天津》，《北京时间》，2005年第1期。

清人张焘《津门杂记》写道：“天津土棍之多，甲于各省，有等市井无赖游民，同居伙食，称为锅伙，自谓混混，又名混星子。皆愍不畏死之徒，把持行市，扰害商民，结党成群，籍端肇衅。按津地斗殴，谓之打群架，每呼朋引类，集指臂之助，人也乐于效劳，谓之充光棍。”早年，混混儿大多分布在旧城区的繁华地带，尤其是下层市民或游民无产者聚居之地，或者妓院、赌场的麇集区。十九世纪，在天津颇有些名气的混混儿大都以地名相称，如侯家后、针市街、西头、金家窑等处的混混儿。这些地区既有最早的居民区，也有繁华的商业区或妓院集中的娱乐区。①

脚行和锅伙这个“社团”也是隐语行话长生和发展的基地。从清朝乾隆末年到光绪末年，这一百六十年是天津混混儿盛行时期。其间产生并流行的隐语行话必然在天津方言中有所反映。

3.7.2 天津方言中隐语行话的四大来源

天津方言中的隐语行话，绝大多数源于梨园界、青楼界、江湖诸行和犯罪集团。

（一）源于梨园行话

1. 名词类

天津人说的“活儿”，本于曲艺杂技界对“节目”的称呼。例如：表演叫“使活儿”，辅助表演叫“量活儿”，表演水平高叫“活儿好”，魔术叫“文活儿”，杂技叫“武活儿”，古彩戏法叫

① 《清朝老码头　混混乱津城》，《天津青年报》，2003年11月18日。

“落活儿”，义务演出叫“票活儿”，后指无偿劳动等。“活儿使响了”，指相声表演把观众逗乐了；“活儿使闷了”，指相声表演没把观众逗乐。刨活——指变戏法漏了底。帽儿戏——戏剧演出，在正戏开演前，先演的一出折子戏，后比喻事情的开始。大拿——戏班子里负责后台事物的管理人员，后泛指在某一圈子里因执掌权力而一言九鼎的人物。

2. 动词类

挎刀——有名望的演员在别人主演的剧目里担任配角，后比喻当助手，辅佐陪伴。冒场——演员在不该上场时上场，引申为未到约定时间过早到场。现挂——行指触景生情，即兴创作，后指在讲话时无准备的临时发挥。倒口——在表演中加入方言，后引申为说话时普通话和方言的突然转换。平地抠饼——相声撂地表演，在露天空地用白粉画圈儿当场地，凭这块平地混饭吃，后比喻白手起家，攫取财富。挑帘儿红——原指演员初登舞台献艺即受观众欢迎，后比喻工作开始就取得出色成绩。

(二) 源于青楼隐语

1. 名词类

窑派儿——原指妓院里妓女的气派，后形容女子言行举止放荡。插杆儿——原指妓院老板，妓女的保护人，后指姘夫。

2. 动词类

开方子——本指开药方，旧时喻指妓女借故向迷恋自己的嫖客索要财物，后引申为委婉索贿。打茶围——旧指朋友相约去妓院品茶用餐，后引申为三五人相约到茶馆谈事儿。

（三）源于江湖诸行

1. 名词类

“万儿”，旧时江湖人物的姓氏。江湖唇典。两人相见互问贵姓，称“道个万儿吧”，王姓回答：“我虎头万儿。”张姓则回答：“我弓长万儿。”故将“闯出名气”称为“立万儿”。曲艺杂技界的行话，姓赵称为灯笼万儿，姓王称为虎头万儿，姓刘称为顺水万儿等。扬名立万儿，就是传播名声，确立地位。例如：“你不是想在天津卫扬名立万儿当老大吗？就先过我这关吧！”也作“扬名立蔓儿”。

2. 动词类

单挑儿——原指旧时混混儿们一对一的单打独斗，即单独与对手较量。例如：“不管你势力多大，后戳多硬，这位爷敢单挑儿跟你比划。”“要说打架咱可不外行。今儿咱是单挑儿啊还是砸团儿啊？”“打群架不算本事，今儿个我跟你单挑儿！”后引申为独立工作。例如：“这是他演艺生涯中第一次单挑儿执导，就获得了巨大的成功。”保裉——“裉”，裉节儿，即关键的，根本的。“保裉”指保本，保险。例如：“多忙多累都不怕，买卖能保裉就行。”保不住裉——江湖诸行指难以糊口，后引申为前景不妙，没把握。也作“不保裉”，例如：“你跟他合伙？干嘛都不保裉！”死签儿——旧时脚行争码头群殴，一方提出条件，另一方从自己人中抽人去应对。由于对方的条件常很苛刻，去的人多半不死即伤（比如油锅里捞铜钱、剁手指，等等），于是抽签决定谁去，抽中黑签的必须去拼命或送死，故称“死签儿”。抽“死签儿”者丧命后，其父母和儿女由脚行负责赡养。后泛指玩命、拼命，与对手拼个你死我活。例如：“老三，有事说事，别跟我这儿玩死签儿。”

天津方言词“尿”的用法很特殊。旧时混混儿们在街面上动武打架，凡怯阵、服软、退出或溜走的，都被讥讽为“尿了”，即“被对手吓尿裤了”的意思。如：“你还是爷们儿吗？还没上阵呢，怎么就先尿了。”“在众目睽睽之下尿了，那可就栽了！”由此，“尿”还引申出理睬、含糊、在乎的意思，多用于否定句式。如：“别看他穷横，我才不尿他了（即‘不在乎他’）。”“也不扫听扫听，我到哪儿也不尿他（即‘不服他’）。”天津话“不尿这一壶”，比喻藐视，轻蔑，不理睬。例如：“可电车公司就是不尿这一壶，一个铜子也不掏。”

天津方言词“叠”，原指旧时混混儿挨打前，蜷曲身体，手臂抱头，腿与腹贴紧，以保护自身关键部位的动作。“叠”好后对方才能开打。棍棒狠命打屁股、脊背、大腿和两臂等部位。犹如炼狱般的考验，但不使之毙命。如：“某某人当年在赌场外边叠过，证明他是一条汉子，赌场就得养活他。”“叠”后引申为服输。如：“没想到啊！这么倔强的人最后也叠了。”

（四）源于犯罪集团

1. 名词类

“佛爷（fóyé）”专指偷钱夹的窃贼，也叫小绺。未成年的小偷叫小佛爷。洗佛爷——指勒索小偷的赃款。钳工——指扒窃的小偷。黑钱——指专在夜间拧门撬锁入户偷窃的盗贼。下家——指销赃。码子——指钱。大轮儿——专指铁路线或火车上。圈子——指妇女。雷子——指警察。局子——指公安局。对于这些词语，人们并不陌生。“货”，属于犯罪团伙的隐语，指女流氓。到了天津人的嘴里，“货”，常指能力甚低或品行卑劣的人。天津话否定某人，简单俩字儿：“这（jiè）货！”从主观心理动机衡量，似可归入詈词之列；但体现在客观存在的词语上，却含而不露，超然物外，如羚羊挂角，无迹可求。至于其语义所指是“笨货、蠢货、一路货”，还是“贱货、浪货、骚货、赔钱货”等，天津人绝不明说，让您了自己去猜想。这就是天津人所推崇的“骂人不带脏字”。

2. 动词类

佛儿（fór）——指偷（东西）。白给——盗窃团伙指偷盗无人看管的物品。挂货——指男女流氓淫乱。放血——指行凶伤人。放鹰——比喻以结婚为名拐骗钱财。挂圈子——指勾引妇女。砸圈子——指奸淫妇女。动大活儿——指发生两性关系。吃大轮儿——指专在铁路线或火车上偷盗行窃。吃二模儿——旧时专吃小偷、骗子所得不义之财的恶霸行为。二仙传道——团伙作案，俩人配合，或赌场作弊，或盗窃销赃。这些隐语的语义有形象感，加之表义不晦涩，因而顺理成章地被天津方言吸纳。

3.7.3 隐语行话词义的演变

（一）词义扩大

砍——旧时北方地区流氓团伙指以钱财勾引女人，后指用金钱开路。例如：“这些关系网都是煤老板拿钱砍出来的。”打闷棍——原指打劫财物，后指突然袭击。例如：“谁承想背地里使坏，给自己打闷棍的竟然是自己的徒弟!”打下手——戏曲界原指乐队里听从鼓板指挥的锣、镲、梆子的演奏者，后泛指做次要的辅助性工作。门儿清——犯罪团伙指团体内部的规矩，后形容懂行，了解得非常清楚。钓鱼——犯罪团伙指用长竿伸进室内勾取财务的偷窃手段，后比喻用诱饵骗人上钩。出道——清末以来，流氓团伙指在黑道上取得一定名气或地位者，后泛指学徒学艺期满，开始从事某项工作或事业。

（二）词义转移

办了——旧时流氓团伙指奸淫妇女，后指整治或惩处。范儿——旧时戏剧界指演出技巧的规范或窍门，后指风格、做派（多指好的）。水货——犯罪团伙指水路运输的走私品，后泛指劣质产品。叫板——旧时戏剧界指演员在道白后、起唱前对伴奏鼓师的暗示，后指用言辞进行挑衅。刷色——原指行贿送礼，后指阿谀奉承，贴金增色。例如：“在办公室工作了半年，很快就学会了顺情说好话，使劲刷色。”

3.7.4 隐语行话丰富了方言语汇

词汇是语言中最敏感的部分，和社会的关系最近，往往随着社会的发展而发展，随着社会上一些事物的消亡而消亡，但这种语言的消亡与有关事物的消亡并非同步。隐语行话多产生于历史动乱之际，到了今天，其产生的历史背景和社会环境业已消亡，但隐语行话，是否也随之消亡呢？答案是否定的，有些隐语行话消亡了，但有些隐语行话非但没有消亡，反而伴随着社会化的进程，成为普通词语，进入共同语词汇系统。

隐语行话的社会化，首先表现为不改变原义，直接进入共同语，成为普通词语。如“绑票”原是东北地区盗匪集团的秘密语，意为抢劫人质以勒索。而《现代汉语词典》意为“匪徒把人劫走，强迫被绑者的家属出钱去赎”，可见与其原义区别不大。与此相关的“肉票”“撕票”原义分别为“被盗匪绑去，作为勒索钱财的人质”“盗匪集团勒索钱财不成，将人质杀害”，均属盗匪、帮会的隐语，而《现代汉语词典》的释义与其原义没有多大区别。类似例证还有许多，像我们现在常用的“撑腰”“出点子”“小白脸”“扫兴”“煞风景”“扯淡”等语词均出自隐语行话，但是这些语汇的含义与隐语行话的含义并无太大区别。

在秘密语进入共同语汇系统的过程中，我们见到的另外一种情况是：将一些有着极强局限性的秘密语的语义泛化，产生泛指义，或在秘密语的语义基础上产生新义，这些秘密语正是在泛指义和新义上成为普通词语。例如：倒贴——原是青楼隐语，指妓女反给嫖客或爱她的男人钱财。经过语义泛化，成为普通词语，《现代汉语词典》释义：“泛指该收的一方反向该付的一方提供财物。”卧底——原是江湖组织及匪帮指打入内部潜伏起来。《现代汉语词典》指“埋伏下来做内应”，公安内部经常用这个词。下水——作为隐语在不同时间、不同地域、不同行业有着不同所指，清末北方市井指男女发生性关系；旧时淫业指妓女初次接客；江苏一带指“被捕”；黑龙江流氓集团用“一水没下”指处女。《现代汉语词典》中的第三个义项是“比喻做坏事”，如“拉下水”，显然这是上面多种隐语义项的泛化。下海——原属梨园行隐语，指业余演员转而从事专业演出，而现在“下海”已经泛指科研人员、教师、机关工作人员离开原岗位去办公司、搞实业。原出身于隐语行话，但已社会化了的语汇数量很多，如“接客”“跳槽”“拉皮条”“回头客”等原属青楼界。“走穴”“托儿”“大腕儿”等原属江湖隐语。这些词语泛化后在语义和语用上均发生很大变化。[①] 但是，人们往往只在语言实践中使用它，但对其出身却习焉不察。

综上所述，隐语行话丰富了方言词汇，隐语行话盛行与天津城市文化及方言特点互为表里，加强对隐语行话的研究，也是方言研究的一个重要的方面。

---

① 谭汝为：《民俗文化语汇通论》，天津古籍出版社，2004年，第129—130页。

4. 天津方言灵活多变的语法形式

按照语言学通行的理解，狭义的语法是一种语言组词造句规则的总和。语法结构是语言或方言体系中最稳固的，因而相对说来，汉语各种方言在语法上的差异比起语音、词汇上的差异来要小一些。天津方言在语法方面与普通话还是存在一些不同之处，我们试结合语义语用举例分析。

4.1 数量众多的单音节词

汉语词汇从古代汉语以单音节词为主，发展到现代汉语以双音节词为主，经历了漫长的过程。天津方言单音节词数量较多的原因是：第一，天津方言在句式表达上力求简洁明快，而单音节词就适应了这个语用特点；第二，天津方言单音节词读音响亮，表义显豁，特点鲜明，具有很强的表意能力。下面拟对天津方言单音节的名词、动词、形容词、代词、量词、副词、介词分别进行探讨。

4.1.1 单音节名词

在历史上，长期处于漕运文化和码头文化熏陶下的天津人，说话唯求简洁，干脆利索。例如："跟我走!""哪儿去?""南市。""干嘛?""坐坐啊!"再如："冰糖葫芦"到了天津叫"糖堆儿"，商贩吆喝进一步将其简化为"堆儿"；"柿子"，被天津商贩吆喝为"糖罐儿"，在比喻表义的基础上，再简化成"罐儿"。天津方言口语表达，在遣词造句时，不蹈故习常，而崇简尚新。例如：天津人日常的食材食品，如拐子（鲤鱼）、鲢子（鲢鱼）、厚子（草鱼）、弯子（豆角）、柿子（西红柿）、浆子（豆浆）、馃子（油条）、棒子（玉米）等，就与北京话大异其趣。

普通话的单音节名词多为基本词汇，而天津方言的单音节名词却多为一般词汇。例如天津话："二嫂子的派儿、个儿、条儿，那都是百里挑一的!"这里所说的"派儿""个儿"和"条儿"，分别指人的风度、个儿头（身高）和身条儿（体形）。

天津方言口语里的"货"，常指能力甚低或品行卑劣的人。天津话否定某人，简单俩字儿："这（jiè）货!"从主观心理动机衡量，似可归入詈词之列，但体现在客观存在的词语上，却含而不露，超然物外，如羚羊挂角，无迹可求。至于其语义所指是"笨货、蠢货、一路货"，还是"贱货、浪货、骚货、赔钱货"等，天津人绝不明说，让您了自己去猜想。这就是天津人所推崇的"骂人不带脏字"。

在天津方言单音词家族里，儿化词比重较大，例如：

份儿——指身份，如："这回够份儿了，副局了。"

谱儿——指架子，排场，如：“官儿不大，谱儿可不小。”

戳儿——指幕后支持者，如：“人家后边有戳儿。”

串儿——混血儿，如：“我说她长得这么漂亮，原来是个串儿。”

碴儿——指事端，势头，如：“我把这碴儿给忘啦。”

块儿——指男子胸部和臂部的肌肉，如：“他亮出一身块儿。”

亮儿——比喻额外好处，特殊报酬，如：“干这活儿有亮儿没亮儿?”

底儿——指积蓄，如：“大户人家就是没落了，还是有底儿的。”

天津话“活儿”，源于曲艺杂技界对节目的称呼。如：表演叫使活儿，辅助表演叫量活儿，表演水平高叫活儿好，魔术叫文活儿，杂技叫武活儿，古彩戏法叫落活儿，滑稽魔术叫刨活儿，等等。后来，举凡手艺高下、技术优劣、服务好坏等，皆可用“活儿好”或“活儿糙”来评价。

天津方言部分单音节词，如名词“海、神、火、人、铁”等，附加上语气词“啦”，皆可独立成句，如“海啦！神啦！火啦！铁啦！人啦!”等。“海啦”指数量大；“神啦”指高超；“火啦”指火暴；“铁啦”指牢固等。其评价色彩，多为褒义赞扬。但“人啦”，非指丑小鸭变成白天鹅，而是指小人得志，穷人乍富。盖因吃“狗熊穿大褂”的挂落，天津话说的“人啦”，呈现出的却是讽刺和鄙夷的意味。

4.1.2 单音节动词

天津人说话，干脆利索，不拖泥带水，不吭哧憋嘟，不冗长拖沓。用俏皮话说，那是：胡萝卜就酒——嘎嘣脆！对事件的描述，对人物的褒贬，对事物的评价，凡是能用一句话的，绝不用两句话；凡是能用一个字的，绝不用两个字。例如：稳操胜券——拿了；旗开得胜——盖了；成功兴旺——火了；坚定牢固——铁了；事情搞糟——砸了；遇到麻烦——崴了；计划泡汤——凉了；买卖倒闭——黄了；恋爱失败——吹了；丢人现眼——栽了；朋友决裂——掰了，等等。

请看带提手旁，表示动作行为的天津方言单音节动词：

扯——①撕，撕下，特指买布料。如："我们姐儿俩去百货大楼扯块布。"②指某女性思想开放，说话不含蓄，口无遮拦；办事不拘谨，动作失态，与众不同。如："这姑娘哪儿都好，就是有点儿扯。"

抡——胡说。如："他一时兴起，口若悬河地抡开了。"

扽（dèn）——用力拉。如："做独面筋儿不用刀切，得用手扽。"

抹（ma）——①（脸色）突然改变。如："这小子把脸儿一抹，来个六亲不认。"②罢官，免职。如："这回可算是把他的官儿给抹了。"

抟（tuǎn）——（对比较疏远且不合作的人）以迂回而温和态度对待，逐渐拉近距离，达到安抚或笼络的目的。例如："将来有用得上他的时候，抟着他点儿！"

抽——①挥掌猛打。如："干这缺德事儿，就是找抽。"②收缩。如："运动衣一下水就抽了。"

撤——①（用手掌）打（对方脸部）。如："再说瞎话，我撤你嘴巴子。"②离开。如："我有点儿事儿，先撤了！"

搪——抵挡，应付。如：“天大的事儿我自个儿搪。”

搊（zōu）——①扶持，拉拽。如：“老太太上车，劳驾您了搊一把。”②托举，抬起。如：“帮我把麻袋搊到肩膀上。”③掀翻。如：“一桌饭菜让他给搊了。”

擩——①悄悄塞给。如：“每次见到舅舅，都擩我十块八块的。”②不经心随意放。如：“数码相机的电池，不知让他擩到哪去了？”③放入、插入。如：“一只脚擩到泥里了。”

为求简洁明快，天津话往往把动宾结构双音节动词略去宾语，只保留前面的动词。例如：

认——“认同”的省略，如：“他的煎饼好，虽然价有点高，人们还是认。”

发——“发财”的省略，如：“扎彩铺隔三差五接一些大活儿，就能小发一笔。”

作（zuō）——“作祸”的省略，如：“你小子就作吧，离倒霉不远了！”

拍——“拍马”的省略，如：“这一通拍，谁听了不舒服？”

搭——“搭罐”的省略，指淘汰出局或中途退出，如：“下的嘛臭棋，快搭走，换一个。”

碰——“碰瓷”的省略，如：“这两个无赖就是以碰为生的。”

缺——“缺德”的省略，如：“你这事儿办得太缺了！”

刷——“刷色”的省略，如：“这通毫不婉转的猛刷，引来会场上一片暗笑。”

捅——“捅钱”的省略，如：“为了给儿子找工作，他没少给局长捅。”

现——“现眼”的省略，即出丑，丢人。如：“就你这两下子，就别现了。”

栽——“栽面”的省略，因失败、失误而出丑。如：“这回能耐梗可要栽了。”

崴——“崴泥”的省略，比喻陷入困境或事情难于处理。如：“他感到这回是真崴了。”

在单音节动词中，有名词用如动词的，如：

猴儿——逮捕，关押，如：“那小子作恶多端，让公安局猴儿起来了。”

杠——指抬杠，顶撞，如：“俎俩儿都跟撅嘴驴赛的，差点就杠起来了。”

腿——步行，如：“最后，没辙了，只好扔下车子腿回家去。”

庹（tuǒ）——成人两臂平伸，两手间的距离，约合五尺，如：“有没尺没关系，用手一庹，就知道多长了。”

形容词用如动词的，如：

贫——连续多次，表示说话絮絮叨叨，令人讨厌，如：“这小子太贫，净耍嘴皮子。”

秃——光头男子不戴帽子，裸露头顶，如：“大冬天你秃着脑袋，不嫌凉啊！”

淡——不理睬，使之尴尬，如：“多好的一个媳妇，楞让你小子给淡走了！”

单音节动词“震、盖、拿”的后面附加语气词“啦”，可独立成句，如“震啦！”“盖啦！”“拿啦！”为褒义，表示赞扬。

4.1.3 单音节形容词

天津话："哥哥肉，嫂子抠儿，熬出菜来特别齁儿。"这里说的"肉"，形容愚笨迟缓；"抠儿"，形容吝啬；"齁儿"，形容太咸或太甜。再如哏儿（有趣）、海（极大，极多）、贫（油滑）、糙（粗俗）、刺儿（好挑剔，不合群，难相处）、寸（偶然巧合）、艮（性格倔强，有骨气）、老（同辈亲属中排行最末的），如：老儿子、老兄弟、老闺女、老姑、老舅、老姨等。

名词用如形容词的，如：

鬼——形容机灵，如："小雨这人才鬼呢，总给她画个圈儿下个套儿的。"

水——形容低劣，如："这是嘛手艺？太水啦！"

贼——形容精明，如："老爷子眼睛可贼了，嘛事都甭想瞒过他去。"

轴——形容执拗，如："她的脾气可轴着哪。"

动词用如形容词的，如：

尥——原指骡马等跳起来用后腿向后蹬踢。后形容小孩子顽皮、淘气，如："这孩子太尥，让人费心。"

窜——（气味）浓烈，如："谁家熬鱼了？味儿还真窜！"

4.1.4 单音节代词

疑问代词"嘛"，表示"什么"的意思，在天津方言中使用频率极高，如"嘛事儿""干嘛去""这是嘛""嘛玩意儿""吃嘛点嘛""嘛人嘛命""吃嘛嘛不够，干嘛嘛不行"等。外地人把

“嘛”写作“吗”，其实是两码事。“吃嘛?”和“吃吗?”语义所指，相差很远。“吃嘛（mà）?”就是“打算吃什么?”（言外之意：咱随便点）而“吃吗（ma）?”就是“还吃不吃?”（言外之意：不行就改日再议）二者表义趋向，真伪对映，南辕北辙。

疑问代词“哪儿”，表示“哪里”“什么”的意思。

哪儿学来的（dì）？——表示对某人言行不满而发出责问。如：“越说越走畸，都哪儿学来的?”

在天津方言口语表达中，有时把两个“哪儿”用在同一个短语里，例如：

哪儿跟哪儿——对风马牛不相及、令人难解的异常现象，发出匪夷所思的感叹。如：“出殡的把抬杠的埋了，这是哪儿跟哪儿呀!”

哪儿对哪儿呀——指对不上茬儿，不是一码事。如：“关公战秦琼，我的活祖宗，这都是哪儿对哪儿呀?”以上两个诘问句，都带有强烈的否定色彩。

哪儿说哪儿了（liǎo）——表示在哪儿说的就在哪儿结束，指谈话内容保密不外传。如：“天津人谈心的规矩是：哪儿说哪儿了，就是畅所欲言、淋漓酣畅，但说完就算，不足为外人道。”

哪儿也不是哪儿——指一无是处。如：“至此，一个地位不低、收入颇丰的三口之家，就这么被毒品给弄得哪儿也不是哪儿了。”

4.1.5 单音节量词

（一）天津方言特殊的物量词

拨儿——①用于人，相当于“伙儿”。如：“你还没看出来，他们都是一拨儿的。”②用于人或物，相当于“群”“批”。如：“一夏天来几拨儿朋友，景点的门票，全靠自己花钱买。”

磴儿——楼梯或台阶的序数。如：“台阶四十磴儿。”

起儿——层级。如：“《鲁迅全集》放在左面书柜的第二起儿。”

掐儿——指拇指与食指相握的空间数量。如：“这一掐儿香菜有二两吗？”

垡儿——批。如：“人走了好几垡儿了，但这个传统还保留着。”

号儿——类。贬义。如：“我工作这么多年，就没见过这号儿人。”

（二）天津方言特殊的动量词

抱儿——（哭的）次，回。如：“这孩子一天不知哭多少抱儿。”

过儿——遍。如：“这衣服洗了三过儿，怎么还有胰子粉味儿呢？”

历儿——指容器中的茶续入开水的次数。“新沏的热茶喝罢，那二历儿茶的色香味此时才达到最佳。”（也指中药熬煮的次数）

模儿——①一段时间。例如：“这模儿总没见啊！”“您了这模儿好点儿了吧？”②次，回。如：“我可是头模儿听说。”“他要请客，这可是开天辟地头一模儿啊！”

4.1.6 单音节副词

天津方言单音节副词数量不少。程度副词“倍儿”，用在某些形容词之前，表示非常、十分的意思，例如：“说话倍儿哏儿”“哥儿俩倍儿铁”“站柜台的姐姐倍儿俊儿”等。程度副词“精”，用在某些形容词之前，表示十分、非常的意思，如：“从干校回来，变得精瘦。”“浑身淋得精湿。”“愣”表示竟然的意思，例如：“夜里让贼偷走了一车货，值班的愣不知道。”另有：

官——肯定，一定。如：“我预测，天津队官赢！”

行（háng）——有时。如：“他行来行不来的，咱就别打他的牌了。”

横——“可能”的速读合音，表揣测，大概、也许的意思。如：“他怎么还不来呢，横家里有事吧？”

紧——尽快地。如：“头俩月买的棒子面儿紧着吃，别捂了。”

老——很，挺。如：“我还是不老明白的，您再给我讲讲。”

毛——大约，将近，差不多。如：“一个月工资毛四千元了。”

且——较长时间地。如：“为了写这篇文章，一天到晚且琢磨了。”

饶——①非但。如：“快清明了，饶不暖和倒下起雪来。”②尽管。如：“饶着花了钱，还得受埋怨。”

贼——特别，格外。如：“电灯泡贼亮贼亮的。”

4.1.7 单音节介词

与普通话不同的天津方言介词有：

打——相当于介词“从”。如：“我刚打北大关来。”“打那儿以后，我们就没见过面。”

拿——相当于介词“被”。如：“昨个儿拿雨淋了。”

起——相当于介词“从”。如：“他起小就喜欢京剧。”“我们起东局子来。”

顶——相当于介词“到（某个时间）”。如：“顶现在也是那个德性。”

济——相当于介词“就”。①放在优先的地位。如：“家里有做好的吃食，也先济着爷爷奶奶吃。”“别的事儿都撂下，咱济这事儿办。”②就着。如：“别都一块儿来，济一个问题讨论。”

给——①相当于介词“对”。如：“你给我说说。”②相当于介词“被”或“让”。如：“归其还是给小狐狸精迷住啦!”

头——相当于“在……以前”。如：“头解放，买卖就黄了。”

对天津方言单音节词，按照其语法词性，从语义和结构两个角度进行了分类探讨。与语音、词汇、文化、民俗等研究方向相比，天津方言的语法研究迄今还比较薄弱，对这方面的研究，应进一步加强。

4.2 带附加成分的词语

在天津方言词语里，“～子”“～的”“～鬼”“～精”“～小儿”等附加成分，不仅数量很多，而且方言色彩十分鲜明。

4.2.1 “子”尾词语

天津方言“子”尾词语种类繁多，数量庞大。

（一）语义分类

1. 动物类“子”尾词语

拐子（鲤鱼）、鲢子（鲢鱼）、厚子（草鱼）、耗子（老鼠）、夜猫子（猫头鹰）、树牛子（天牛，黑色昆虫，身体长椭圆形，触角弯而长）、蛤蟆秧子（蝌蚪）、蝎了虎子（壁虎）等。

2. 植物类“子”尾词语

弯子（豆角）、辣子（青椒）、柿子或火柿子（西红柿）、蒺藜狗子（蔓生的蒺藜果实，菱棱状，多尖刺）等。

3. 食物类“子”尾词语

馃子（油条）、浆子（豆浆）、棒子（玉米）、菜团子（玉米面做皮儿，包上白菜、粉条、虾皮等做的馅儿蒸制而成）、煎饼馃子（天津特色风味小吃）等。

4. 工具类“子”尾词语

舀子（水瓢）、起子（开瓶工具）、擦子（礤床，把瓜、萝卜等擦成丝儿的器具）、荡子（理发师磨剃刀的皮条）、绷子（刺绣工具，由两个竹圈儿套在一起组成）、搋子（疏通下水道的工具）、镩子（头部有尖，带倒钩儿的铁制凿冰工具）等。

5. 器物类“子”尾词语

胰子（肥皂）、撑子（木器家具的边腿等有支撑力的部分）、料子（毛料、布料、衣料、被料等的统称）、码子（现款）、褯子（尿布）、瓯子（酒杯的旧称）、麻经子（包扎用的单股细麻绳）、土箱子（旧时垃圾箱）、冰排子（在冰封河道上滑行的交通工具）、锅腔子（烧柴禾的旧式炉灶）、火筷子（用来通炉子的细铁棍儿）、煤饼子（旧时烧煤球，将煤末儿制成“饼子”作为燃料）、纱绷子（指纱窗及窗纱）、电滚子（电动机）、电驴子（摩托车）、话匣子（收音机）、被阁子（炕上盛放被褥的专用木箱）、炕褥子（铺在炕上的厚褥子）、水梯子（旧时在取水岸边搭设的有扶手的木制梯子)、腿插子(插在绑腿里的匕首)、信瓤子(装在信封里的写好了的信)等。

6. 衣物类"子"尾词语

褂子(上衣)、嘎子(gázi)(戒指)、袄袖子(衣袖)、手揣子(皮、棉制成的桶状物,双手插入以保暖御寒,旧时妇女冬日外出时用)、手闷子(只拇指分开,其余四指不分的皮手套或棉手套)、雨披子(防雨的斗篷)、水袜子(由帆布制成的高筒袜,袜底加厚挂胶,袜口有带儿)、腿带子(束紧裤脚儿的长布带)、腰掖子(旧式钱包,因插入腰带内而得名)、靴掖子(本指放在靴筒里的皮制钱夹儿。后虽不放在靴筒里,但仍沿用其名)、腰硬子(宽皮腰带,正中有硕大的方形铜扣)、扎堵子(为父母穿孝时戴的白布缝的帽子)等。

7. 人体类"子"尾词语

脸子(不愉快的面容)、奶子(乳房)、坯子(比喻身材)、撇子(拳头)、嘴茬子(口才)、嘴巴子(①脸颊;②嘴)、脑瓜子(头)、脖梗子(脖子)、牙花子(牙龈)、哈喇子(口水)、眼珠子、耳底子(中耳炎)、脚脖子(脚腕)、脚丫子(脚)、腿掖子(大腿与腹部相连处)、指盖子(指甲)等。

8. 人物类"子"尾词语

"卷子",本指分层面食,比喻丑陋凌乱,多指女性,带调侃意味。如:"新娘三四天衣不解带,把一身梅红洋绉袄裤穿得皱褶不堪,于是留下话把:辛庄聘闺女,卷子样了。"另如:双子(suàngzi)(双胞胎)、扯子(言行出格的女性)、轴子(性情执拗的人)、楞子(比喻不通情理、不知进退的人)、油子(行为圆滑的人)、羔子（喻指豪门阔少、纨绔子弟)、嘎杂子（不务正业的小流氓)、病秧子（久病体弱的人)、碎嘴子（喋喋不休的人)、带犊子（指随娘改嫁的孩子)、茶腻子（指在茶馆以饮茶为名消磨时光的人)、憷窝子（胆小、窝囊的人)、二愣子（愣头愣脑、缺心眼儿的人)、二尾子（不男不女的阴阳人)、老帮子（对老年人的蔑称或戏称)、老毛子（旧时对俄国人的称呼)、二毛子（旧时对信奉洋教的中国教民的蔑称)、混星子（即混混儿，旧社会的无赖、游民)、药罐子（指经常生病的人)、老头子（旧指黑社会老大)、练家子（习武之人)、硌楞锄子（不识时务或标新立异的另类人物)、丫头片子（女孩的蔑称)、黑心眼子（以损人、骗人、坑人、害人为乐的人）等。

9. 建筑类"子"尾词语

澡堂子、戏园子、地窨子（地下室)、草甸子（长满野草的低湿地)、雨厦子（为防雨雪而在门窗上方搭的斜坡式篷子）等。

10. 气候类"子"尾词语

大咧子（猛烈的西北风)、雨星子（小雨点儿）等。

11. 表情动作类"子"尾词语

天津方言"嘬瘪子"，比喻遇困难，遭挫折，处境尴尬。如："我的英语是二把刀，你让我当翻译，非嘬瘪子不可!"再如：欺鼻子（鼻子往上皱，表示讨厌的神情)、甩脸子（面露怒容)、压虎子（梦魇，做噩梦胸口被重物压住而惊醒)、扎猛子（游泳时头往水里扎)、抄摊子（散伙)、吵秧子（吵闹不休)、掉蒿子（玩笑说法：流泪)、掸码子（给钱)、出门子（出嫁)、结梁子（结怨成仇)、架秧子（用哄骗、怂恿、哄抬等手段使未经世面的人上当）、泡塘子（经常在澡塘洗澡休息）、开方子（原指开药方，旧时喻指妓女借故向迷恋自己的嫖客索要财物）、炸毛子（虚惊）、认式子（指识相、识时务）、凿死铆子（固执死板，不知变通）等。

12. 其他类“子”尾词语

行子（hángzi）（贬义，称不喜欢的人或东西）、会子（huǐzi）（量词，指一段时间）、门子（量词，用于亲戚、亲事等）、两下子（本领）、老鼻子（指数量极大，极多）、半划（càn）子（事情只做了一半，并没完成）、抽冷子（副词，突然，猛然）等。

（二）结构特点

1. 天津方言“子”尾词语，词义适应性宽，词性活跃，构词能力强

A. 豆子

普通话“豆子”指豆类作物或豆类作物的种子。天津话“豆子”可构成某些固定短语，指某种类型的人。例如：

精豆子——聪明机灵的人（多指孩子）。如：“你斗不过她这个小精豆子！”

山药豆子——指不知好歹的人。如：“这个山药豆子，一时半会儿明白不过来。”

嘎巴豆子——指小孩。如：“你个小嘎巴豆子，懂得个屁！”

财迷豆子——指吝啬的人。如：“老丈人是厂里有名的财迷豆子。”

B. 匣子

普通话“匣子”指方形盛物器具。天津话“匣子”却可组成一组固定短语，例如：

电匣子——指收音机。如：“老爷子每天电匣子不离手。”可简略为“匣子”。

话匣子——原指留声机，后泛指喜欢说话的人。如：“正好，话匣子也在这儿，您二位就开聊吧。”

相匣子——旧指照相机。如：“他也是爱摆弄相匣子的主儿。”

C. 篓子

普通话“篓子”指用竹子或柳条等编成的盛物的器具，比较深，容量较大。天津话“篓子”，却可喻指某一类人。例如：

戏篓子——①熟悉许多戏曲剧目的行家。②指会的戏极多，又能扮多种角色的演员。

药篓子——指经常生病的人。

话篓子——指口若悬河、漫无边际、滔滔不绝的人。

屁篓子——指爱放屁的人。

臭棋篓子——指酷爱下棋，但棋艺低下的人。

瞎话篓子——指爱说谎话的人。

笑话篓子——指爱讲笑话的人。

故事篓子——指爱讲故事的人。

D. 虫子

普通话“虫子”指昆虫，天津话“虫子”却喻指熟悉某行业规则并从中活动以获利的人。例如：

房虫子——比喻熟悉房屋买卖或置换的规则，从中活动以获利的人。

车虫子——比喻熟悉汽车买卖规则，从中活动以获利的人。

药虫子——比喻熟悉医药经销规则，从中活动以获利的人。

2. 天津方言“子”尾词语，比喻色彩浓烈

天津方言“子”尾词语，相当多的一部分是由比喻构成的，例如：

屎盆子——比喻过失、罪名等。如：“到了（liǎo），还是把屎盆子往部下脑袋上扣！”

石杵子——杵，一头粗一头细的圆木棒，舂米或洗衣的工具。比喻不识时务，不谙时事，缺乏灵性和悟性，一条道跑到黑的人。如：“我们家这位石杵子，认死门儿，嚼死理儿，凿死铆子，一张嘴就跟你抬杠。”

捋叶子——比喻偷艺，即偷学别人的技艺。如：“旧时不甚熟悉的艺人，不轻易看别人的演出。对同行不打招呼擅来听节目的行为，称为捋叶子。”

眼珠子——比喻最珍惜的东西或最珍爱的人。如：“老哥仨就这么一个眼珠子。”

秋傻子——对立秋后炎热天气的俗称。将天气喻为不识时务、不会变通的傻子，傻乎乎地没完没了地热。也称“秋老虎”。

软柿子——比喻软弱可欺。如：“你是不是拿我当软柿子，好捏咕啊？”

菜包子——比喻懦弱无能的人。如：“这个菜包子，还没上阵就吓尿裤啦！”

弹弦子——喻指偏瘫、半身不遂，因患者手腕无力，动作类

似弹三弦乐器，故称。

栖底子——蒸熟的面食和屉布粘在一起。比喻总待在一个地方不活动。如：“我算是栖底子了，在这儿一干就是三十年。”

绕脖子——比喻说话办事不直截了当。如：“说痛快话，到底怎么回事，别跟我绕脖子。”

玩黏子——比喻借故生事，纠缠不休。如：“你少跟我玩黏子，我还真不在乎你!”

偎窝子——喻指睡懒觉，赖床。如：“晚上夜猫子，早晨偎窝子。”

装孙子——比喻假装不懂、不会、不敢或不知情。如：“别演戏了，少跟我装孙子!”

落道帮子——原指丢弃于地的白菜帮子，后喻指游手好闲、行为不端的二流子，着眼于其潦倒落魄，低劣无能，一文不值。

4.2.2 “的”尾词语

(一) 语义分类

1. 称谓类“的”尾词语

少的——指儿子。如：“七爷的两个少的赶紧叫人在院子里挖防空壕。”

当家的——旧时妻子对别人称自己的丈夫。如：“我们当家的不在家，您改日再来吧。”

屋里的——旧指妻子。如：“我屋里的也是天津人，原先是老街坊。”

掌柜的——①旧时一些家庭妇女称自己的丈夫。②称商店老板或负责人。

带把儿的——指男孩。如："老娘就盼着我媳妇儿生个带把儿的。"

老不死的——对老年人的詈称。如："这个老不死的，又来挑事儿了。"

2. 情境类"的"尾词语

大节下的——指过节的时候。如："算了，别计较了，大节下的，都图个素净吧!"

大年下的——春节，一般指腊月三十到正月初五这段时间。如："好么，大年下的还看书！您了快歇歇吧!"

大忙忙的——十分忙碌。如："这大忙忙的谁给你买去呀！我也没吃饭哪，再等会儿吧。"

3. 行业类"的"尾词语

吃红白口儿的——旧指专门从事为红白事服务的人。

吃开口饭的——旧指靠表演戏剧曲艺说唱为生的人。

穿木头裙子的——旧指大商店的店员，因旧式商店是木制货柜，遮住店员腿部。旧时大商家的学徒，在严格店规、严密专业技能的历练下，经优胜劣汰和多年实践，在进销调存各流通环节，业务纯熟，技能高超；待人接物，文明礼貌；道德诚信，中规中矩。这种人被称为"穿过木头裙子"的，相当于商业科班出身。

4. 职业类"的"尾词语

捡场的——旧时剧场负责舞台道具摆放、撤换以及伺候演员饮场（演唱间歇饮水）的专门人员。

叫街的——沿街高声乞讨的乞丐。

看厢的——旧指澡塘服务员。

看座的——旧指戏园子的服务员。

磕灰的——旧指到各居民院子收集运走粪便的工人。

撂地的——指街头卖艺、摆地摊儿卖药者。

推头的——旧称理发师。旧时推头的用推子，称为理发师；剃头的用剃刀，称剃头匠。

站口的——旧时在某一地段，为商号、住户包办勤杂事务兼维护地面秩序的人。站口的为这一街区商号和住户效力，如张罗婚丧嫁娶，协助搬运货物，维持治安，驱赶乞丐等。由大小商号和住户共同凑钱供给其生活。

瞭高儿的——旧时金银首饰店、绸缎皮货店等，站在高凳上指挥售货员打点顾客，监视营业中偷窃私弊行为的专职人员。

端盆儿的——把刚捞上来的小鱼放在小木盆里叫卖的流动小贩。

墩儿上的——墩儿，指菜墩，砧板。指负责切菜、配菜的厨师。与“灶上的”相对。

灶儿上的——指上灶烹调的厨师。与“墩儿上的”相对。

焊铜锡的——指焊铜器、焊锡器的小炉匠。

锔碗儿的——走街串巷专门修补瓷、陶制品的手艺人。

拾毛褴的——旧指衣衫褴褛，手持前端装一钢针的短竹竿，背筐沿街拣废品以谋生的贫苦少年。

养大船的——指经营海运的船主。

扛大个儿的——旧指在码头、车站用人力装货卸货的工人。

喝杂银儿的——走街串巷吆喝收购各类银器及古玩玉器、旧家具、旧钟表、旧皮货等贵重物品的人。

拾煤茧儿的——旧时手拿小耙子，从锅炉房或住家附近倾倒的炉渣里，拾取尚未烧尽的小煤块儿的穷人家的老人或孩子。

5. 其他类“的”尾词语

带出来的——指无意中顺口说出来的（脏话）。如：“哎，同志！我给证明一下啊，他没骂街。他那叫口头语，带出来的!”

倒霉催的——指自找倒霉。如：“星期天去逛商场，丢了新买的自行车，真是倒霉催的!”

充熟的——指不懂装懂，含蓄地讥讽其人为生瓜蛋子。

（二）结构与语义

1. 天津方言“的”尾词语，居于“的”字之前的词语多数为动宾结构

“的”尾词语，居于“的”字之前的词语多数为动宾结构，如“捡场、叫街、看厢、看座、磕灰、撂地、推头”等。

2. 天津方言“的”尾词语的语义反映业已消失的历史风貌

业已消失的历史风貌，在天津方言“的”字尾词语中还可留存下来，例如“拍花的”“养人儿的”“吃人儿的”“了事儿的”等。对于这些词语的含义，当代读者多一知半解。

拍花的——旧指用迷魂诱拐儿童的歹徒。

养人儿的——指旧时从人贩子手中买来有姿色的幼女做“养女”，以求将来从中得利的人。延请师父培训养女习得文化和戏

曲表演，将女孩养到十三四岁后或送到剧团演唱，或送到妓院做清倌（卖艺不卖身），其全部收入均归其养父母。如女孩后来唱红了，其养父母则如获得一棵“摇钱树”，随之大富大贵。

吃人儿的——旧指以色相骗取别人钱财的女人。

了事儿的——居于纠纷双方的调解者。天津旧俗，遇到难崴的争端和对峙，在大打出手，甚至头破血流后，由第三方出面从中调停。

对天津方言词语，尤其对反映业已消失事物的历史词语进行挖掘和研究，其意义在于保存历史文化和语言文化遗产，留下这座城市的历史记忆。

4.2.3 类型人物称谓

天津话将某种类型的人，称之为“～鬼”“～精”或“～小儿”等。

（一）“鬼”尾类

机灵鬼——指聪明灵活，善于随机应变的人。如：“这个机灵鬼，光占便宜，不吃亏儿。”

激事鬼——指挑拨矛盾、搬弄是非、怂恿争斗的人。如：“自从这个激事鬼调走后，整个大院清净了。”

勾事鬼——指引诱别人走邪道的人。如：“全是那俩儿勾事鬼造的孽。”

讨债鬼——多指不肖子弟。如：“不知我上辈子做了嘛缺德事，要不怎么养你这么个讨债鬼！”

冤死鬼——指遭诬陷受冤屈的人。如：“哪个庙里没有冤死鬼?”

催命鬼——指不停催促的人。如：“行了！我现在就弄，你这个小催命鬼。”

（二）“精”尾类

“哭不精”，指爱哭的孩子。如：“这个哭不精，一早晨就哭了好几抱儿。”还有“瞎话精”“马屁精”等。

（三）“小儿”尾类

“～小儿”，是对某一类年轻男子的戏称。如“瓦小儿”，对年轻瓦匠的戏称。“粪小儿”，对年轻淘粪工的戏称。“二小儿”，①跑跑颠颠，忙前忙后伺候别人的人。②开玩笑时遭奚落的虚拟人物。③天津民间俏皮话的主要人物之一。“二小儿穿大褂——规规矩矩”，“二小儿放鸽子——又回来了”等。另如“坏小儿”“嘎小儿”“傻小儿”等。

4.3 天津方言词类

4.3.1 天津方言名词

（一）时间名词

表示时间的词，如：普通话“前天”，天津话说“前儿个”；

普通话“昨天”，天津话说“夜儿个”；普通话“今天”，天津话说“今儿个”；普通话“明天”，天津话说“明儿个”或“赶明儿”；普通话“早晨”，天津话说“早起”；普通话“中午”，天津话说“晌午”或“晌火”；普通话“傍晚”，天津话说“后晌”或“晚巴晌”；普通话“晚上”，天津话说“黑下”或“黑晌儿、后半晌”；普通话“去年”，天津话说“头年”；普通话“整天”，天津话说“成天”；普通话“整夜”，天津话说“成宿”或“整宿”；普通话“刚才”，天津话说“刚头儿”；普通话“什么时候儿”，天津话说“多晚儿”等。

（二）空间名词

表示空间的词，如：普通话“上头”，天津话说“浮头儿”；普通话“中间”，天津话说“当间儿”或“当么间儿”；普通话“地下、地面”，天津话说“九地”；普通话“郊野”，天津话说“开洼”；普通话“西面”，天津话说“西头”等。

4.3.2 天津方言副词

副词修饰动词、形容词性词语，表示程度、范围、时间等意义。天津方言副词数量较多。本书“单音节词”对“精、愣、官、行（háng）、横、紧、老、毛、且、饶、贼”等十多个单音节副词进行了分析阐论，于此则不赘述。下面着重对双音节或多音节副词进行论析。

（一）程度副词

天津方言表示程度的副词，最典型的就是“倍儿”，表示非常，十分的意思。如：“王老师说话倍儿哏儿。”“我们家倍儿传统，不让闺女找事由，就连大门都不让出去。”天津话口语表示“十分，特别”的意思，还用“老么”。如：“娘娘宫那儿的人老么多的，我上哪儿去找他?”“般儿般儿”，指同样的意思，但只用于年龄。“般儿般儿大”，就指年龄相仿（多指青少年）。如：“跟她们般儿般儿大的闺女，都扑棱着翅膀飞了，就咱家的闺女还趴在架儿上呢。”

（二）范围副词

“海”，在天津话里使用频率很高。“海了去了”，极言其多，但属于动词。副词性质的“海”有两个义项。①指漫无边际，如“海聊”（漫无边际地闲聊）“海骂”（不专指某人地漫骂），如：“哥儿几个久别重逢，一通海聊。”“让他一个人儿海骂去吧，谁都别搭理他。”②指毫无节制。如“海吃”（毫无约束地吃）“海哭”（旁若无人地放声大哭）“海来着”（不惜动用一切手段）。如：“哥儿俩儿一通海吃。”“临上轿，少不得和奶奶一通抱头海哭。”“揭露这个无耻之徒，不必客气，咱跟他海来着!”

“老鼻子”指数量极大，极多。如：“图书馆的藏书，可老鼻子了!”“为办这档子事儿，那钱花得老鼻子啦!”“一水儿”，指一色、一律。如：“屋里一水儿红木家具。”“县篮球队，一水儿全是天津知青。”另外，“一水儿”还指一下子，一会儿。如：

“可惜此坑他一水儿，也出一口闷气。”“昨儿个摆摊儿一水儿就赚了几十块钱。”“通脑儿”，指总共。如：“去去吧！通脑儿也没多少钱，花就花了吧！”

（三）时间、频率副词

驳头——立即，立刻。如：“一看情况不妙，他驳头就跑了。”“听到有人招呼，他驳头就往外走。”

归齐——最终，终于。如：“争吵半天，归齐还得听他的。”“说了归齐，还得耗财买脸。”

刚头儿——刚才。如：“老张刚头儿就说，那是人家让着他。”“我刚头儿碰上老毕了。”

跟手儿——随即，随手。如：“她一进屋，跟手儿就把门带上了。”

到了儿（liǎor）——指到最后，到底。如：“处处为你着想，到了儿还落一身不是。”“你快说啊，我到了儿走没走？”

早班儿——不指三班倒早晨上班，而是“赶早、早早地”之义。如：“放了学早班儿回家。”“今儿是端午节，公司早班儿就订了两桌席。”

地起儿——原先，当初。如：“地起儿我就不同意闺女跟他搞对象。”

眼巴前儿——目前，当下。如：“眼巴前儿群众的困难怎么解决？”

说话就……——立刻、马上。如：“您再稍等一会儿，烤鸭说话就得。”“老李刚来电话，他说话就到。”

天每天儿——指每天，成天。如：“小礼堂的舞台，天每天儿演评戏。”“白菜粉条，天每天儿地吃，都吃伤了。”（口语也说成“天巴天”或“天末天”)。

(四)处所副词

八下里——①指四处，许多地方。如：“这屋子八下里透风。”②各个方面。如：“眼观六路，八下里都得顾噜着。”

把“四处”说成“八下里”，极言其多，天津话对数字“八”情有独钟，如“八辈子”“八成儿”“八竿子”“八面见线”“八九不离十”等。

(五)肯定、否定副词

板儿——一定，肯定。如：“倒霉就倒在那只狲鸡身上了，开头时我还以为它板儿赢呢。”

敢则(也作敢情)——指原来。如“坐高铁敢则不比坐飞机慢啊!”“我以为你出差了，敢则你还没走。”

(六)情态、方式副词

就合(jiùhu)——凑合，迁就。如：“买了几个面包，咱就合吃一顿吧!”“你越就合，他越来劲儿。”

已就——已然如此，事已至此。如：“已就这样了，只能静观其变了。”“已就已就，今儿个干脆就捅破这层窗户纸吧!”

单另儿——单独另外。如：“他是病号，告诉食堂给他单另儿做点儿顺口的。”“自助餐不包括高度酒，喝白酒还得单另儿花钱。”

就手儿——顺便。如：“就手儿带缸酱菜过去。”“搂草逮兔子，到北京出差就手儿把这事儿办了。”

猛不丁——突然，猛然。如：“屋里那股霉臭潮气，能把猛不丁进来的人撞个跟头。”

捎带脚儿——顺便办（其他事情）。如：“你去城里办事，捎带脚儿给我买点药回来。”“打个酱油买个醋的，全有人捎带脚儿替她干了。”

一连气儿——连续。如：“在海河一连气儿游了俩来回。”

半截儿搂儿（半截儿腰）——中途，事情进展一半时。如：“看电影，半截儿搂儿停电了。”“撺掇我上房，你小子半截儿腰撤梯子。少来这套!”

（七）语气副词

合着——①原来。如：“全家老小都知道，合着就瞒着我一个人?”②实际上。例如：“我的老婆有病啊，请两天事假，合着今儿这一天嘛没干?”

顶不济——预测最坏的结果。如：“这笔买卖干得过，顶不济也能落个嘴顶嘴。”

何至于——用反问语气表示“不至于”。如：“他家是败落了，但何至于这么紧呢?”“如果仅仅是经济纠纷，又何至于杀人呢?”

好没影儿的——无缘无故。如：“她好没影儿的自己哭起来!”“好日子过了十几年，好没影儿的就死了。”

4.3.3 天津方言介词

介词是依附在实词或短语的前面，构成介词短语，充当句子成分的词。“单音节词”对与普通话不同的天津方言介词“打、拿、起、顶、济、给、头”等单音节介词进行了分析阐论，于此则不赘述。这里着重对天津方言双音节介词进行分析。

由打——从，自从。如：“我由打胜芳来。”“由打闹日本以来，老百姓就没过过安稳日子。”

顶到——到。如：“顶到如今，想买房，也买不起了。”“一直在家赋闲，顶到解放后，才在街道找到事由儿。”

同着——当着。如：“同着大伙儿跟我翻呲，让我这老脸往哪搁！”

4.3.4 天津方言连词

连词是连接词、短语、分句和句子，起连接作用的词。天津方言与普通话不同的连词有：

假比——假如，如果的意思。如：“这事儿假比是你，你能答应吗？”“风凉话谁都会说，当年假比是你，又当如何？”

得亏（děikuī）——幸亏，多亏。如：“这事儿都办妥了，得亏你帮忙啊！”“得亏我早回来了，要不非得挨淋不可。”

说嘛——无论如何的意思。如：“要知道这么没良心，当初说嘛也不管她的事！”

要不价——不然，否则的意思。如：“给你道歉还不行，要不价我给你磕一个。”

说出大天——大天，骨牌点数最高的天牌。“说出大天”“说破大天”，都指“无论如何”，即无论对方如何解释、道歉或服软，都绝不为所动。如：“说出大天来，我也不答应。”“我惦记给他介绍一个，但说破大天他也不见。”

4.4 口语表达的语法语用分析

4.4.1 宾语省略

在天津话的口语表达中，宾语省略很普遍，例如：

(1) 怎么样，给大伙儿来段儿?

(2) 今儿晚咱哥儿几个喝点儿?

(3) 给咱写一首?

(4) 告诉你小子，我可有了。

(5) 刚怀上俩月就掉了。

(6) 我承认，前些年是曾经有过。

例 (1) 来段儿 (节目或笑话); 例 (2) 喝点儿 (酒); 例 (3) 写一首 (诗作); 例 (4) 我可有了 (身孕); 例 (5) 掉了 (指自然流产); 例 (6) 曾经有过 (外遇)。由于有特定的言语对象和语境，这些省略了宾语的话，不会造成对方的不解、误解或歧解。

4.4.2 半截子话

天津方言口语表达，爱说“半截子话”，可分两种类型。

第一类，只说出俗语、谚语、俏皮话的前半截儿，后半截儿不言自明。例如天津人在一定的语境中，说某人是“散脚行”，实际是批评他——“乱搭咯”; 说某事是“日本船”，实际是结果判断——“满完”。在某种情境下，天津人在开车途中说“大殡”，实际是说行驶路线——“绕一圈”；说某人妻子是“秋后蚊子”，言外之意——“死盯”，即对丈夫一举一动高度警觉，毫不懈怠。

再如：磨房的驴（听喝）、脚底下的泡（自己走的）、此地无银（三百两）、剃头挑子（一头热）、秋后蚂蚱（没几天蹦跶）、大车拉王八（在你了）、老太太出殡（后边跟着）、二小放鸽子（又回来了）等。这种言语表述方式挠直为曲，化庄为谐，诙谐有趣。但其前提，只能在天津朋友或熟人之间用于言语交际。因为上述这些话，对外地人尤其是南方人来说，是“蛤蟆跳井”（不懂）。

第二类“半截子话”，就是话语本身涵盖着言外之意。例如天津朋友交际，常用“拿你的”“用你的”“走你的”等话语，其实在这些话语的背后隐含着“没说的，不成问题，没有申说的必要；小事一段，不足挂齿”的意思。但对于外地人来说，往往难以理解。例如天津籍某大学女生在教室自习，一位南方籍女同学对她说：“借我笔使一下。”她头也没抬，答道：“用你的！”弄得那位同学很尴尬，事后对别的同学转述这件事说：“太小气了！找她借笔，她竟然说‘用你的’！”为什么天津人的豪爽大方，却被误认为自私吝啬呢？就是“半截子话”造成的误解。天津人说的“用你的”，言外之意是“没问题，随便用；同窗之间，谁跟谁呀！”可是，南方女同学根本缺乏这种方言表义的常识，从字面义和表层义理解，自然会产生误会。从语用角度分析，这个言语误会的形成很典型，值得重视。

4.4.3 人体器官的动态描绘

天津方言描绘人物或事物的神情状态，常着眼于人体器官进行描写刻画，例如：

火顶脑门子——形容怒火中烧，即将发作。如：“他怒视着对方，火顶脑门子。”

抬头纹儿开了——额头皱纹舒展了。①形容心情舒畅时的面容。如：“你是中了头奖吧，怎么连抬头纹儿都开了。”“老倭瓜脸上的抬头纹儿开了，眯缝着双眼注视着彩票。”②形容弥留之际，回光返照的面容。如：“老人睁开眼，抬头纹儿开了，似乎要寻觅什么。”

卫生球儿眼珠儿——（用）白眼（看人），表示鄙视。如：“那个姓白的小护士，傲极了，净拿卫生球儿眼珠儿看人。”“不知为嘛，这些日子，办公室的人都拿卫生球儿眼珠儿瞅她。”

蹬鼻子上脸——形容得寸进尺。如：“看你年轻就让着你，可你还蹬鼻子上脸了！”

嚼舌头——指说闲话。如：“人家还没在背后嚼舌头呢，自己就嘀咕了。”

勾腮帮子——①比喻勾引，吸引，使被诱惑难以摆脱。如：“但凡色情、赌博、毒品，都用勾腮帮子方式引人上钩，拉人下水。”②比喻设置悬念吸引人。如：“评书每一回的末尾留悬念，勾腮帮子！”③比喻勾心思。如：“这事儿要说出去，给人家添腌臜不说，也勾自个的腮帮子。”

回脖儿——①改变主张。如：“劝了两次，有点儿回脖儿的意思。”②转圜，挽回。如：“事情真要办莽撞了，就不好回脖儿了。”“可别闹僵了，一闹僵了就不好回脖儿了。”

转腰子——①原指牲畜在临死前身躯痉挛的样子，后喻指无计可施，急得团团转。如：“左等右等，饭还没做熟，饿得大伙围着食堂转腰子。”②转悠，徘徊。如：“饭馆卧在小胡同里，头一次来这儿吃饭，找不着地方，在附近转腰子。”③变卦，自食其言。如：“你这人怎么说了不算呢，又转腰子了。”④戏谑语，指尚未出生。如：“我参加工作时，你还在娘肚子里转腰子呢。”

肠子悔青——比喻悔恨交加。如：“与发财机会失之交臂，他连肠子都悔青了。”

从脑门、眼睛、鼻子、舌头、腮帮子、脖子，到腰子、肠子，涉及多种人体感官和器官，都可以用来说事儿，再如：“挽起眼眉”“闪了舌头”“甩开腮帮子”“满脸跑眉毛”“满嘴跑舌头”“脚丫子朝上”“腿肚子朝前”等。其实就是这么一说，您就这么一听，一项也落实不了。即使身怀特异功能，眼眉不是袖子，挽不起来；舌头不是腰眼儿，闪不了；腮帮子不是膀子，甩不开。同样道理，眉毛不会满脸跑，舌头也不会满嘴跑；不是练杂技的，脚丫子也不会朝上；你就是玩命儿跑马拉松，腿肚子也绝对朝不了前——都是夸张性的描写。

挽起眼眉——指眼眉往上卷，即睁圆了眼睛，形容聚精会神，毫不懈怠。如：“哥儿几个挽起眼眉死盯，也没发现有嘛猫腻。”

闪了舌头——嘲弄对方不要因为多嘴或吹牛而扭伤了舌头。如：“外边西北风可不小，您了说话就不怕闪了舌头。”

甩开腮帮子——形容狼吞虎咽，毫无节制地吃。如：“哥儿几个甩开腮帮子，一通猛嚏！”

满脸跑眉毛——指挤眉弄眼，五官挪位，形容面部表情极为丰富。如：“十几年没见，老赵胖大发了，但依旧是满脸跑眉毛的表情。”

满嘴跑舌头——指口无遮拦，胡说八道。如：“这个老娘们儿就爱满嘴跑舌头，祸头一个。”

脚丫子朝上——形容非常忙碌。如：“我整天忙得脚丫子朝上，哪有工夫陪你逛商场。”

腿肚子朝前——形容长途跋涉或极端忙碌而引起的劳累。

天津方言“给脸”“给面儿”就是照顾情面的意思。如：“他破例儿接待你，这就算给面儿啦！”而“给耳朵”，却表示只听不回应，形容不重视。如：“她一声不吭，就给你个耳朵。”至于“给后脊梁”和“给后脑勺儿”，却形容遭冷遇、受轻蔑。如：“二奶奶没拿正眼瞅过他，连丫头精豆儿也给她后脊梁瞧。”“大年初一去拜年，二婶就给你后脑勺儿。”从社交双方所处方位看，“给脸”是直面，表示尊重；“给耳朵”是侧面，表示轻视；至于“给后脊梁”和“给后脑勺儿”则是背对，轻蔑之情溢于言表。

“踢”，指抬起腿用脚撞击；“踹”，指脚底向外踢；二者同义微殊。但天津话“一脚儿踹”和“一脚儿踢”的语义所指却大不相同。“一脚儿踹”，指摩托车。俗谚“要想死得快，就买一脚儿踹”。而“一脚儿踢”，却比喻把货物一次性全部卖掉。如：“一手钱一手货，卖给我，一脚儿踢，怎么样?”“这车西瓜一脚儿踢吧，省得零卖了。”另外，“一脚儿踢”还指办理离职手续，单位一次性发给职工一笔钱，让他自谋生路。如：“单位给五万买断，其实就是一脚儿踢。”

4.4.4 人体器官为量词

一脑门子官司——形容看什么都不顺眼，怨愤可随时发作。

一鼻子——指一种（理由或原因）。如：“这是喜事，你哭的是哪一鼻子?”

一膀子——代指“一身”。如：“充当脚行的人都是赤贫穷汉，全凭一膀子力气赚钱吃饭。” “好小伙子！还真有一膀子力气!”

有一腿——指有奸情。

插一腿——指第三者与已婚男女中的一方有暧昧关系。如：“老不正经的横插一腿，硬把这桩婚事搅黄了!”

一屁股两肋账——形容债台高筑，账主子踢破门槛。这里的“脑门子”“鼻子”“膀子”“腿”“屁股”和“肋（条）”等人体部位或器官，在句子里都临时充任量词。

“一脑门子官司”的结构语义是：“一脑门子（脸上的情态如同打）官司（的人那么烦躁愁苦）。”“脑门子”最显眼，“打官司”最烦人，二者搭配，形神毕肖。五官居中的“鼻子”，可指代面容，“哭的是哪一鼻子?”源自惯用语“哭鼻子”。“膀子”就是胳膊，是人身体最主要的劳动器官，故能代指全身。历来欠账者皆灰头土脸，惶惶不可终日；债务犹如软肋，压得他抬不起头来，故以“两肋”言之；债主整天尾随跟踪，穷追不舍，故用“屁股”形容。

4.4.5 “听”字打头的动词短语

天津话“听”字打头的词语，其结构和语义都很特殊。例如：

听喝儿——指受别人使唤，听别人安排，意思是“听从（别人的）吆喝（而行事）”。如：“领导叫咱干嘛，咱就干嘛，听喝儿就是了。”

听谶语——谶语，迷信的人指事后应验的话。旧时年俗，正月初一起床洗漱后的第一件事，到街门内偷听街上行人的第一句话，以卜来年之凶吉。如：“起床后，院里邻居见面相互恭贺新禧。然后，走到街门内听谶语，预测新一年的命运。”

听窗户根儿——指偷听别人谈话，意思是“在窗户根儿偷听”。如：“男子汉别干那种听窗户根儿的事儿。”

昆虫“蝲蝲蛄”和“蛐蛐儿（蟋蟀）”都多在郊野，但听二者鸣叫却涵义大不相同：“听蝲蝲蛄叫唤”，指不要听信闲言碎语和风凉话。如：“听蝲蝲蛄叫唤，咱就别种地了。”而“听蛐蛐儿叫唤”，却指死后葬于荒郊。如：“争名夺利有屁用，早晚都得听蛐蛐儿叫唤去。”

5. 天津方言富于表现力的修辞

5.1 韵味浓郁的语音修辞

天津话有些词语的语音差别细微，不注意就会混淆。例如“扒呲、拔呲、把呲、跁呲”这四个动词，表示完全不同的四种意思：

（1）扒呲（bāci），贬低，揭露短处。如：“这小子常在背后扒呲别人。”“张大妈时不时地也扒呲老伴儿几句。”

（2）拔呲（báci），为显摆自己而故意用难解问题考问对方。如：“你不是学问大吗？我今儿写两个字拔呲拔呲你。”

（3）把呲（bǎci），指独占位置，权力等，不让别人参与（含贬义）。如：“所有事儿他都把呲着，别人甭想靠前儿。”

（4）跁呲（bàci），①在雨雪泥泞道上行走。如：“这么大雪，别出去跁呲了。”②鞋上有泥水污染室内地面。如：“我就不进去了，别把屋里跁呲脏了。”“外面下雪，进屋换鞋，免得把地板跁呲脏了！”

天津方言的使用，十分注重语音表达效果。所谓语音表达效果，就是讲究语音应用的修辞，使说出的话，语音协调，音节匀称，读起来顺口，听起来悦耳，从而取得理想的修辞效果。

巧妙利用谐音手法产生新词新语，是天津人的拿手好戏。例如："这位姐姐真能白话，说得樊梨花了，也不嫌累得慌。"外人听不懂这个"樊梨花"是怎么回事？樊梨花是文学作品虚构的西凉国女将，降唐后和薛仁贵之子薛丁山成亲。在薛家被满门抄斩后，率其子薛刚反唐，报仇除奸。天津人用"樊梨花"谐音"翻了花"，形容能说会道，喋喋不休。天津人说："鄙人加里顿大学物理系在学。""加里顿"谐音"家里蹲"，"物理"谐音"屋里"，是失业家居赋闲者的自我调侃。旧时天津年轻人爱开玩笑，把在茶社、书场里提着水壶负责给客人送茶水的服务员戏称为"提拉巴斯"，谐音为"提了（壶）把儿（的小）厮"。

天津人利用谐音特点创制的俏皮话数量极多，例如：

扒了老房盖大楼——小屋（巫）建（见）大屋（巫）。"小屋建大屋"谐音"小巫见大巫"。

蒋介石的兄弟——讲这劲儿。"讲这（jiè）劲儿"，指讲究这个劲头儿，与众不同，就要这样做等。

十二个时辰占仨字——申子戌（身子虚）。时辰，旧时计时单位，一昼夜分为十二个时段，用十二地支（子、丑、寅、卯、辰、巳、午、未、申、酉、戌、亥）命名。申子戌，谐音"身子虚"。指身体虚弱。

秃子摔跟头——老美滑（华）。老美华，系天津老字号鞋店。天津人称秃头为"秃老美"，省称为"老美"。"华"谐音"滑"。

“秃子摔跟头”就是“（秃）老美滑倒了”的意思。

希忒拉的兄弟——刷他啦。“希忒拉”，即德国纳粹首领希特勒。“刷”，天津话拒绝、斥退之意。“刷他啦”，指撂挑子不伺候他了。

心肝肺都没了——只剩下肚儿（堵）了。“肚儿”谐音“堵心”的“堵”。

许仙要宝剑——吓唬白蛇（瞎话白舌）。妙在“吓唬白蛇”与“瞎话白舌”谐音。

王先生打鼓——点儿来了。天津西郊刘园法鼓的王先生有绝技，别人敲鼓用两个鼓槌，他却扔掉一只，只用单槌能打出两只鼓槌的鼓点儿。“点儿来了”指开始下雨。

消防队不换岗——晕斗儿了。民国时期天津成立新式消防队后，在大胡同东边建一座四十米高的瞭望塔，由消防队员按时值勤观察火警。瞭望塔顶端如旗杆上的刁斗，故名瞭望斗。有一次换岗的人没来接班，上面值勤的人因时间过久而晕倒于斗内，故曰“晕斗”。用于形容头脑不清醒。

5.2　林林总总的比喻型词语

天津话谈人、指物、说事、评理，好用比喻。天津人戏称女儿为“小棉袄”，本于俗语“闺女是爹妈的贴身小棉袄”，比喻女儿对父母的体贴、温暖、知心。这些由比喻生成的词语数量极多，下面分类阐释。

5.2.1 以动物为喻体的比喻型词语

以动物或有关动物的事物为喻体的天津方言词语，例如：放鹰、放鸽子——比喻以结婚为名拐骗钱财；蔫蛆——比喻慢性子、不合群的人；奓翅儿——原指禽鸟张开翅膀奋力搏斗，后比喻人锋芒毕露的挑衅行为；外国鸡——即吐绶鸟，俗名火鸡，体型高大，重达十几公斤，头部皮瘤和喉部肉垂可由红变蓝变绿变白，变出多种颜色，比喻脾气古怪，一时一变的人；废物鸡——原指不打鸣的公鸡和不产蛋的母鸡，后比喻无能力，没本事，办不成事的人，也喻指不能生孩子的女人；花丽豹——原指翅膀上带鲜艳斑纹的蜻蜓，后喻指衣着过于艳丽的女子；死羊眼——比喻目光凝滞，没有眼力见儿；大洋马——喻指高大粗壮的女人；单条虎——一条腿的蟋蟀，喻指一条腿的人；蝎子爬——比喻人倒立，双手着地支撑身体向前移动；多嘴驴——喻指令人生厌的观棋支嘴儿者；顺毛驴——比喻只能顺其意而不能逆其意的人，或只接受好言相劝，但不接受斥责的人；套白狼——旧时强盗实施抢劫的一种手段，事先隐藏暗处，等行人路过时，突然从其身后蹿出，用绳子将被害人脖子勒住，背到僻静处，抢劫财物；龙拿猪——用高汤煮饺子，同时下面条，煮熟后盛在一个碗里吃；龙戏猪——龙比喻面条，猪比喻玉米面尜尜。将面条和玉米面尜尜一起下锅煮熟，盛在一个碗里吃；猴儿顶灯——比喻东西放置不牢靠；猴折跟头——比喻接连不断；巧嘴八哥——比喻能说会道，贬义；肚里的蛔虫——喻指（对方）内心的想法，常用于否定句式；蛤蟆吵坑——雨后池塘群蛙齐鸣，比喻声音嘈杂喧闹；

全须全尾儿——养蛐蛐术语，指蟋蟀形体一无损伤，比喻人体或政治生命健全无损。

5.2.2 以植物为喻体的比喻型词语

以植物或食品为喻体的比喻型词语，例如：塌秧——原指花草、蔬菜等因缺水而叶茎发蔫枯萎，后比喻超强度劳动，体能耗尽，体力难支；折饼儿——烙饼时来回翻个，比喻睡不安稳，来回翻身；冷年糕——又硬又黏，难以消化，比喻内心难以化解的事儿；蘸糖堆——比喻露一面儿后很快离去；黑枣儿——喻枪弹，被枪毙叫吃黑枣儿；糗虾酱——比喻浴池或游泳池人多拥挤；小菜儿——原指饭店在正式上菜之前，免费赠送的小碟花生仁、拍黄瓜、拌豆腐丝儿之类，比喻不被重视的人或事物；香饽饽——比喻受欢迎、被重视的人。热年糕——喻死皮赖脸而难缠的人；滚刀肉——原指猪肉的筋头巴脑或胸腹部肥而松的囊膪，如刀锋不利，肉随刀走，在案板上折来滚去，很难切断，比喻软硬不吃、胡搅蛮缠的人；软柿子——比喻软弱可欺；旱地拔葱——原为武术招式名，比喻猛然弹跳跃起，轻巧利落，也喻指突然爆红，出人头地；歪瓜裂枣——比喻容貌丑陋或不成才的人；平地抠饼——比喻白手起家，攫取财富；仨瓜俩儿枣儿——比喻不值钱的事物或数目很小的钱。

5.2.3 以物品为喻体的比喻型词语

以各种物品为喻体的比喻型词语，例如：热窑——比喻激烈争吵的场面；油勺儿——比喻阅历深而圆滑的人；热膏药——比喻难以摆脱的人；刀把儿——比喻平面像菜刀的特殊房型，即大长方形连小长方形的房子；万国旗——一根绳子上挂着世界多国的小国旗，比喻晾在绳上的多片尿布；万金油——清凉油品种之一，即用薄荷、樟脑、桂皮油等加入石蜡制成的膏状药物，比喻什么都懂点儿，能表面应付，但什么都不精不专不擅长的人；顶门杠——院子关门后，用一根长木顶住门插关儿，以防外人进入，后比喻靠山，即“后戳儿”的意思；堵心丸——比喻令人厌恶的人；二进宫——本为京剧剧名，后指因犯罪错而再次进拘留所、劳教所、戒毒所或监狱；石杵子——杵，一头粗一头细的圆木棒，舂米或洗衣的工具，比喻不识时务，不谙时事，缺乏灵性和悟性，一条道跑到黑的人；屎盆子——比喻过失、罪名等；省油的灯——比喻安分守己、不愿生事、容易对付的人，多用于否定语义；虱子棉袄——比喻异常棘手而难以摆脱的麻烦的事儿。

5.2.4 以动作为喻体的比喻型词语

以动作为喻体的比喻型词语，例如：耍龙——本指节日欢庆时的大型集体文娱表演“舞龙”，后指在骑自行车时，车把操持不稳，致使车行轨迹东扭西歪的情状；撒把——本指在骑自行车行程中双手离开车把的行为，后用“大撒把”比喻管理者放手不管，任其自由行事的行为；拿龙——本指对自行车变形瓦圈的维修矫正，后比喻用拳脚教训人，迫使就范；开方子——原指开药方，喻指妓女借故向迷恋自己的嫖客索要财物，后指假公济私吃拿卡要或索贿；拉抽屉——比喻食言反悔，出尔反尔；两下锅——把饺子、面条同时放进锅里煮，旧时由京剧演员和梆子演员合作演出，这出唱京剧下出唱梆子穿插进行，喻称“两下锅”；头难剃——比喻刺头儿，不好伺候；挂门帘儿——比喻旧时受冤屈者在仇人家门口上吊，使之吃官司；弓拉得太满——比喻话说过头，没有回旋余地；推活络船——比喻反复推诿；洒汤漏水儿——比喻说话办事欠妥或表演出现闪失；撒芝麻盐儿——比喻将钱物分散使用或散发；唾沫粘家雀儿——比喻口惠而实不至。

天津人说话，爱用比喻来表情达意，因此，天津方言中用比喻构词法产生的词语数量很多。恰当地运用比喻，可以使语言表达形象化，使情境描绘生动化，使深奥的道理浅显化。

5.3 俚俗生动的叠音词语

天津方言叠音词数量很多，绝大部分体现在口语交际中。“惹惹”，就是其中的典型。所谓“惹惹”，就是不办正事，乱起哄，瞎胡闹的意思。如：“整天没正文儿，凑到一起，瞎惹惹。”天津相声名家高英培代表作《钓鱼》，描写“二子他爸爸”想和相声演员“掺乎，掺乎”“惹惹，惹惹”——说的就是地道的天津话。普通话“惹”字读上声（三声），而天津话“惹惹”，第一个“惹”读阳平（二声），第二个“惹”读轻声。天津作家写本地界的民俗小说，都喜欢用“惹惹”这个词儿。如冯骥才《阴阳八卦》：“找他干嘛，瞎惹惹，乱掺和，再来个不干正事的，是添忙还是添乱?”林希《五先生》：“侯家老七侯宝成，有点机灵劲，街面上跟着瞎惹惹，走到哪里吃到哪里，倒也饿不着。”

天津俏皮话描述无所事事却又好事之徒为：“一个字儿仨音——惹惹惹”；“惹惹惹，敲破锣；罗罗缸，卖生姜”。追根溯源，“惹惹”这个词儿，滥觞于九河下梢的漕运文化、码头文化，是对没有固定职业和稳定工作的城市游民阶层生活状况的形象描述。在老天津卫，凡入围“惹惹”圈子者，必备仨条件：一是无职无业，二是无所事事，三是性情好事。具体说，饱食终日，无所用心；捆着发麻，吊着发木；无事可干，“吃饱撑的”；剩余精力，无处排遣；——于是，就呼朋引类“瞎惹惹”。“惹惹”结果，往往不妙。请看天津话顺口溜——“没有事儿，一惹惹就生事儿；出了事儿，一惹惹就坏事儿；少一事儿，反成了多一事儿；结果是：待业青年去劳务市场——没事儿找事儿。”

汉语“惹”是动词，就是招引、引起的意思，但多用于不好的事情，如“惹气”“惹事”“惹祸”“惹乱子”“惹火烧身”“惹是生非”“惹花拈草”等。三个“惹”字叠用——“惹惹惹”，结果就是：“惹气”“惹事”“惹麻烦”。

在天津话里，由双音节词叠加而形成的AABB式的叠音词语数量较多。例如：

娘们→娘娘们们——形容男子说话、动作、性情像女人一样。

蹦跶→蹦蹦跶跶——形容断断续续，不连贯。

迷瞪→迷迷瞪瞪——形容精神状态不清醒。

吭哧→吭吭哧哧——形容想说又说不出来或说不清楚的窘状。

嘟囔→嘟嘟囔囔——形容低声发牢骚的样子。

吱歪→吱吱歪歪——形容因不情愿而私下埋怨。

皱巴→皱皱巴巴——①形容衣物不平整。②形容闹别扭，不融洽。

架棱→架架棱棱——形容不得体，不自然的样子。

磨唧→磨磨唧唧——①形容处境尴尬的样子。②形容犹豫不决、欲言又止的样子。

勺叨→勺勺叨叨——形容说话啰唆，又说不到点子上。

素净→素素净净——形容颜色不鲜艳或味觉清淡，引申为生活平和安稳。

忙叨→忙忙叨叨——形容忙碌的样子。

另如：累累巴巴（形容疲劳的样子）、胖胖达达（形容胖乎乎的样子）、瘦瘦巴巴（形容身材瘦削）、病病怏怏（形容因患病而身体衰弱的样子）、赖赖巴巴（形容无精打采的样子）、蔫蔫嘎嘎（形容性格内向，寡言罕语的样子）、饥饥缩缩（形容寒酸猥琐的样子）、磨磨嗒嗒（形容不好意思，难为情的样子）等。

下面，对天津方言叠音词进行分类阐释。

5.3.1 叠音指称性词语

"傻贝儿贝儿"这个词儿天津人耳熟能详，说某人言行愚笨，缺心眼儿，即戏称"傻宝贝"的意思。天津话通常将"傻"字省略，直称"贝儿贝儿"，如："别管怎么捯饬，也是个贝儿贝儿样儿。"再如"混混儿"，指旧时称霸一方的地痞、流氓、无赖。天津混混儿兴起于清朝中叶，其主要活动是设赌包娼，争行夺市，抄手拿佣，甚至持刀械火器，肆意妄杀。天津话"个个（gège）"，指乳房；“嘚嘚（dēidei）”，特指哺乳婴儿的乳房。如：“孩子饿得直哼哧，想吃嘚嘚了。”天津话“屁屁”，①指言过其实、说谎吹牛的人。如：“他是我们厂有名的屁屁，他鼓楼说话，你得八里台听去!”②形容言过其实、说谎吹牛。如：“这小子云山雾罩，太屁屁了!”旧时天津街面两人相遇，如甲称乙为“某爷”或“某几爷”，乙则连答一串儿“爷—爷—爷……”，以表不敢当之意。如：甲：“这不是张三爷吗?”乙：“爷—爷—爷……”津门旧诗“更见街前逢故友，爷声未了各分途”，就是这种礼节的生动写照。

5.3.2 叠音动作性词语

天津方言口语叠音动词数量多，例如：

沉沉——指暂且搁置，再等一等，如：“别着急，沉沉再说。”

抽儿抽儿——指缩小，如：“这床单一洗就抽儿抽儿。”

捯捯——指回忆探求，如：“这个节目多年没演了，我得静下心来，仔细捯捯。”

掂掂——指估量权衡，如：“你掂掂这块卵石有多沉?”“你好好掂掂老先生这话的分量。”

垫垫——指饭前小吃，如：“二他妈妈，你给我烙俩糖饼。到时候我好垫垫啊!”

带带——指擦拭，如：“服务员，就手把桌子带带。”

祸祸——指损坏，如：“刚买的玩具，一会儿就祸祸坏了。”

摸摸（māomao）——指打听、扫听，如：“你到南市拿耳朵摸摸，就知道马王爷几只眼了。”

磨磨（mòmo）——指无目的地绕圈儿走，如：“晚饭后到河边磨磨去。”

眍儿眍儿——指（眼珠）深陷在眼眶里边。如：“严重的缺觉，让她的眼窝都眍儿眍儿了。”

去去（qùqu）——多用于息事宁人的劝慰，表示算了，不要计较了，如：“马勺难免碰锅沿儿，都去去吧！”

天津方言中，形容说话状态的叠音词很有特色，例如：

嘚嘚（dēde）——指唠叨，如：“整天嘚嘚个没完，腻歪人！”

呛呛——指争吵，如：“为这事儿，我们呛呛老半天了。”

咧咧——指啼哭，如：“孩子整天咧咧，真烦人。”

出出——指挑唆；如：“背地儿瞎出出。”

吵吵（cāocao）——指嘈杂的说话声、喧哗声，如：“外边吵吵个没完，还让人睡觉吗！”

翻翻——指喋喋不休，如：“明明你错了，嘴里还翻翻。”

这些双音节叠音动词，前字多读阴平，后字读轻声；口语色彩和形象感都很强，感情色彩呈贬义。在这些叠音词前可冠以“胡、乱、瞎、穷”等副词，如：“穷嘚嘚、瞎嘚嘚、乱呛呛、瞎呛呛、穷咧咧、胡咧咧、瞎出出、乱吵吵、瞎翻翻”等。

5.3.3 叠音描写性词语

描写性叠音词，读音多为阴平且皆儿化。例如：

边儿边儿（大）——指（少年）年龄相仿，如：“同院边儿边儿大的孩子扎堆儿淘气。”

吧儿吧儿的——讽刺说漂亮话，如：“小嘴倍儿甜，话说得吧儿吧儿的。”

溜儿溜儿的——义同“整整”，如：“我溜儿溜儿地等了半天。”

闷儿闷儿的——形容哭声连绵而悲切，如：“声泪俱下，哭得闷儿闷儿的。”

飕儿飕儿的——形容凉风吹拂，如：“小风飕儿飕儿的。”

描写性叠音词的语义表达，具有真切的形象感。

5.3.4 疑问代词重叠

疑问代词的重叠，如“嘛嘛”“谁谁”“谁谁谁”“哪儿哪儿”等，多用于虚指。例如：

整天东跑西颠地传话，张家老婆说你嘛嘛啦，李家媳妇说你嘛嘛了。

谁谁跟姐夫有一腿，谁谁的爷们儿外边有人了。

谁谁谁的小子考上南大了，谁谁谁的闺女上电视了。

谁家谁家在梅江买的房，谁家谁家搬到了华苑。

哪儿哪儿的煤气不通了，哪儿哪儿的水管子跑水了。

以上例句都是转述别人说的话，这几个疑问代词重叠，都表示虚指，指代不愿或不必具体说明的对象。与此相类的，还有“谁们谁们”“谁们家谁们家”等。

5.3.5 “打”字头叠音词语

所谓“打”字头叠音词语，就是由“打”字与双音节叠音词组成的短语，例如：

打嘚嘚（dēidei）——形容因寒冷或惊吓而发抖，如：“值夜班炉子灭了，冻得直打嘚嘚。”

打连连（liāngliang）——形容在一起胡混，如：“整天跟他们几个打连连，能不出事吗？”

打哇哇（wāwa）——本为儿童游戏用语，即暂停，不算了的意思，后指说话不算数的人，如：“昨个儿满应满许的，天一亮就打哇哇，什么人啊！”

打歪歪（wāiwai）——形容故意捣乱，使事情办不成，如：“我说靠不住吧，怎么样，打歪歪了吧？”

这类短语有两个共性特点：第一，处在后半部分的叠音词，读音多为阴平，后一个读轻声；第二，感情色彩多呈贬义。

6. 天津方言与津沽文化

6.1 天津方言与水文化

天津是九河下梢。横贯市区的海河，将大清河、永定河、子牙河、北运河等多条河流与浩瀚的渤海连成一气，形成河海通津的壮观。这种得天独厚的地势，使天津成为中国北方最大商埠，三北物流中心，南北交通枢纽，河海漕运码头。清乾隆举人杨一昆所作《天津论》开篇即咏："天津卫，好地方，繁华热闹胜两江。"七十二公里的海河穿城而过，东流入海。潮平两岸阔，敢领风气先，在这片九河汇聚的热土上，正是这些来自五湖四海的智慧，催生了众多让天津乃至中国引以为豪的第一。

从文化生态学角度观察分析，自然环境、人的素质、社会经济和社会结构，是制约地域文化的四个要素。天津的自然环境，是长期由河流淤积而形成的沿海平原，水是我们这座城市生成和发展的原动力。贯穿天津的海河，将北运河、南运河、子牙河、大清河、永定河与渤海沟通起来，直接影响着天津的城市风貌和风土人情，因而天津人把海河视为母亲河。

6.1.1 水汽弥漫的地名

天津早期的名称是直沽寨、海津镇和天津卫。不管地名怎样演变，“沽”“海”“津”三字都是“水”偏旁。全市十八个区县里，有十个区县名中有带“水”偏旁的字。这些水汽弥漫的地名反映了天津地势低洼、潮湿多水的特点。天津全市共有包括月牙河、西减河、东减河、洪泥河、卫津河等人工河渠在内的大小河流三百余条，坑、塘、洼、淀星罗棋布。这种独特的地形地貌特点在天津地名中确有典型反映。

天津有七十二沽之说，凡带“沽”字的村镇地名，几乎都坐落在海河水系地区，如塘沽、大沽、汉沽、葛沽、西沽、后沽、大直沽、小直沽、咸水沽、丁字沽、东泥沽、三叉沽等。另外，天津别称——津沽、沽上；海河又称沽水，是天津市的风景轴线。沽水流霞已成为令人陶醉的都市景观了。除了“沽”之外，以港、泊、洼、淀、沟、塘、湾、滩等为通名的地名亦为多见，如：大港、双港、官港；杨家泊、团泊洼、青泊洼；贾口洼、唐家洼、卫南洼；南淀、北淮淀、三角淀；陈家沟、九道沟、南清沟；北塘、西双塘、白塘口；赵家湾、唐家湾、西大湾子；柳滩、大滩等。如此之多的带“水”偏旁字的地名，不正是天津低洼多水的地理特点的生动写照吗？

不仅如此，以与河流有关的“口”（河口）“嘴”（河湾）“圈”（周边被水围起的地方）“堤”（堤岸）“桥”（桥梁）“闸”（水闸）“码头”“渡口”“水库”等命名的地名也不少见，如：口——三岔口、唐家口、北塘口、老河口等；嘴——陈嘴、芦嘴、梁家嘴、霍家嘴、吴家嘴等；圈——上河圈、下河圈、西湖圈、陈家圈、黄家圈等；堤——王顶堤、西横堤、千里堤、桃花堤、段堤等；桥——双桥、于桥、引河桥、聂公桥、北洋桥等；闸——耳闸、双闸、北闸口、二道闸、新港船闸等；码头——万家码头、崔家码头、南洋码头等；渡口——大光明渡口、炮台渡口、教场渡口、柳滩渡口、杨庄子渡口等；水库——双港水库、于桥水库、鸭淀水库、永金水库等。

另外，天津以“台”（高地）“坨”（土堆）“头”（河岸的末梢）等为地名的更为多见，例如：台——芦台、侯台、冯台、白台、兰台、八里台、六里台、李家台、姚家台、沈家台等；坨——王庆坨、西塘坨、洛里坨、白公坨、田庄坨、青坨子等；头——梁头、东河头、西堤头、上河头、东滩头等；“台”“坨”“头”等字的字形虽不直接从水，但作为地名用字的词义却与“水”密切关联。如此众多的与水结缘的“台”“坨”“头”等地名，从一个侧面说明了天津地势低洼，人们只能择高台而居的历史状况。

6.1.2 方言与漕运

天津俗语“九河下梢天津卫，三道浮桥两道关”。是说海河上游支流众多，大小约有三百余条，所谓“九河”乃举其要者，一般指北运河、南运河、大清河、子牙河、永定河、漳河、卫河、潮白河、蓟运河。所谓“三道浮桥”，指钞关浮桥、盐关浮桥、窑洼浮桥。所谓“两道关”，指钞关和盐关。

天津话有个词语，叫做“撂旱地儿上”。“撂”是“放在”“放下”的意思，例如“撂下饭碗又走了”“没记性，撂爪就忘”。而“撂旱地”的“撂”却是“抛下”“丢下”的意思，例如：“别把我们撂在半路不管。”“他外出打工，把老娘、孩子都撂给妻子了。”

天津话“撂旱地儿上”，也说“撂旱岸儿上”，是抛开不管的意思。例如：“当初人家是怎么对咱的？如今人家遭了难，咱可不能把人家撂旱地儿上！”就是不能把人家抛掷脑后，更不能见死不救。

“撂旱地儿”这个词语的产生，反映了天津地域文化的特点。天津的自然环境，是长期由河流淤积而形成的沿海平原，水是天津生成和发展的原动力。贯穿天津的海河，将北运河、南运河、子牙河、大清河、永定河与渤海沟通起来，直接影响着天津的城市风貌和风土人情。隋炀帝开通大运河之后，天津又和黄河、长江水系相连，南粮北运以及盐业的发展，使天津成为河海交织的航运码头，漕运重地、交通枢纽。

当年，乾隆下江南，乃至南北贸易，商贾往来，漕运粮盐等，都靠水路行船。如果船行受阻，舟船搁浅，或把船撂在陆地上，那就意味着遭到横祸，无异于坐以待毙！——这种情况，就是“撂旱地儿”。天津又是一座移民城市，大批移民聚居津门，形成扶危济困、相互扶持的社会风尚。天津移民性格中具有一种可贵的燕赵慷慨豪情，豪爽直率，爱憎分明，疾恶如仇，见义勇为，扶弱济贫。于是，在天津人眼里，诸如：“过河拆桥”“卸磨杀驴”“落井下石”“撺掇别人上房，然后撤梯子”“把人撂在旱地儿上”等，都是“缺了大德”的恶行，是要受谴责、遭报应的！

6.1.3 方言与饮水

天津置卫建城之前，天津地区居民基本是依河而居的，几百年来都是凭借河塘解决生活用水问题。在距河塘较远的地方，人们就只能依靠井水生活了，但老城里没有井。居民须出北门或东门到海河去挑水运水，因而在北大关附近和东门外，各有一个挑水口。东门外的水阁大街建于元代，就是挑水人流的必经之路。后在这条街上建了一座过街楼阁，供奉保佑观音菩萨。因是运水路上建的“阁”，故称为“水阁”。另外，在南运河流经红桥区的地域，有两条“挑水胡同”。一条北起铃铛阁大街西段，南至永明寺大街；另一条南起南运河北路，北至同丰茶局东胡同。因当地居民到南运河挑水分别必经此处，故名。后者因重名，1982 年更名为“担水胡同”。

老天津卫有一句俏皮话：“挑水的看大河——净是钱啦！”说的就是以供水为业的人。随着人口增加和城市规模扩大，天津出现了以挑水出卖为生的行业——水铺。后运水到户的工具逐步变化：从最初的一根扁担两儿水桶，变为独轮车、双轮车；后又从人力车，变为牲畜拉的木制水箱车；有的水铺还增添了供应开水的业务。天津民俗歇后语“水铺的锅盖——两拿着”，就道出了当年水铺炉灶烧锯末用大铁锅烧水的情状。仅在红桥、南开两区就保存了不少以“水铺”命名的巷名，例如水铺胡同、谢家水铺胡同、张家水铺胡同、杨家水铺前胡同、郭家水铺胡同、单家水铺胡同等。

那时候的河岸并非石砌，大河流水乃是自然形成的土岸。于是挑水的人们便在岸边设立水梯子。这种木制水梯子形成阶梯，自上而下通向水畔，一蹬一踏，避免挑水者失足落水，起到安全保护作用。河北区的水梯子大街由于紧临人们挑水的东河而得名。如今，昔日水梯子大街已经统一划入狮子林大街，改名换姓从历史里消逝了。

当年住在御河（南运河）两岸的人家吃水，也是要到河里去挑的。当地为了方便挑水，便在河岸上设立一座座探入河面之上的水凳子，以免挑水者滑坡落水。杨柳青一带的水凳子，与天津东河畔的水梯子原理相同，结构相近。只是水梯子规模大些，水凳子规模小些。近代劳动人民的智慧，如出一辙。

自来水进入天津始于 1898 年。英商仁记洋行于是年开办了天津第一家自来水公司，水厂设在巴克斯道（今保定道）和达文波道（今建设路）拐角处。从宝顺道（今太原道）东口由海河取水，后改为凿深井取水，在洛阳道和潼关道分别设立了两家分厂。但供水范围只限于英、法租界。

1904 年，英商瑞记洋行创办，中外合资成立了济安自来水公司，水厂设在南运河南岸的芥园。在城厢西北角建起一座水塔，成为当时天津的制高点。后各家水商逐渐将大河挑水改为经营自来水。这家济安自来水公司，在天津经营了将近半个世纪，始终居于自来水供应之首。1948 年，仅济安自来水公司下属的水铺达六百二十余家之多。南开区西马路北段东侧有一条名叫“自来水后”的胡同，因位于济安自来水公司后身而得名。

6.2 天津方言与地名文化

6.2.1 斜街岔道数不清

天津城市建设特点独特，在市区，除了老城里周围的道路及其延伸线路之外，您几乎找不到一条正南正北的大道。究其原因，一是地处九河下梢，河道不曲水不流，老城之外的建筑及街道皆沿河修建，因而弯路斜街比比皆是；二是当初九国租界各行其是，各修自家路，休管他人行。因而天津多数街道呈七扭八歪状。等到最后不得不把相邻之路连缀为一时，才发现居然出现了这么多的岔道！——简直是数不清的斜街岔道。

天津街道通名，普遍采用南北向以“路”，东西向以“道”命名。但这只是规范初衷抑或大体而言，实际上满不是那么回事——您看：两条原本平行的路，最后居然交叉成路口；沿着某条街向前走，却走到相反的方向去。因而天津的丁字路口、五岔路口，乃至六岔、七岔路口相当多。例如：九十中学、天河医院附近地区，贵州路和西康路两条路竟然交叉，在其交汇处又与常德道、大理道相交，形成六岔路口；佟楼附近，围堤道与马场道两条道也竟然交叉，在其交汇处附近又与吴家窑大街、平山北道、宾馆路相交，也形成了六岔路口；音乐厅、凯旋门大厦附近地区，南京路分别与浙江路、徐州道、江西路、合肥道、南昌道、马场道、建设路七条道路相交叉，这里简直成了盘陀路，布下了八卦阵。

6.2.2 地名的“对称”和“派生”

但凡土生土长的天津娃娃，几乎都缺乏严密的方向感。在表示方向概念时，他们习惯用“前、后、左、右”当坐标，却几乎不用“东西南北”。表现在天津地名上，就是带“前、后”方位词的街巷名特别多，主要体现在“对称地名”和“派生地名”上。

所谓对称地名，就是在原生地名的基础上产生与之配对的新地名。例如：和平区的前明德里和后明德里；河北区的前王家胡同和后王家胡同；河西区的前大道和后大道、前尖山和后尖山、前庄大街和后庄大街；河东区的前街和后街；红桥区的前河沿和后河沿、双庙前街和双庙后街、礼堂前胡同和礼堂后胡同、土地庙前胡同和土地庙后胡同等。您甭管这成对街巷的具体朝向，以“前”“后”命名，表意明确又干脆利索！

另一类型就是派生地名，例如红桥区有两个居委会都叫“寺前”，一个在春德街，另一个在西沽。另如红桥区的黄姑庵前、龙王庙前，白寺后、会所后、民丰后、药王庙后、如意庵后、胡家大楼后、黄家大墙后等。原生地名实体建筑的方位原本就不够端正，再细分派生地名的东西南北，也是瞎掰。干脆以实体建筑的大门为视角基点，就以坐落或前或后来划分吧！

地名中有取境内两个地名的首字为名的传统方法，如“福建省”取境内的“福州”和“建安”两地名的首字为名；“安徽省”取境内的“安庆”和“徽州”两地名的首字为名等。以此法命名的天津地名亦为多见，如红桥区“沧德庄”，1946 年建，因沧州、德州籍的铁路员工在此建房定居而得名；北辰区的“天穆镇”，1950 年由穆家庄和天齐庙村合并，取二村名的首字命名为“天穆村”，后置镇；津南区“双林农牧场”因东邻双港，北邻柳林而得名；横贯北辰、河北两区的“宜白路”，东起宜兴埠，西至白庙工业区，取起讫点首字命名；横跨红桥、西青两区的“西青道”，东起西站前街，西至杨柳青镇，取起讫点首尾字命名；河西区“宾水道”，东端有天津宾馆，西端可通水上公园，故名；河东区“万东小马路”，连通万新庄和东局子，故以两地名的首字为名。蓟县有一个奇特的村名“侯井刘”，原是“侯庄子”“井各庄”“刘百庄”三村合并，取三村首字得名。

6.2.3 地名俗谚

天津人喜欢编造新俗语，例如：著名的俗语“你走你的阳关道，我走我的独木桥”，到了天津，就说成“你走你的大经路，我钻我的耳朵眼儿”。大经路（今河北区中山路）建于 1903 年，宽三十多米，在当时是全市最宽的马路。耳朵眼儿胡同（位于今北门外大街）最窄处不到两米，是全市窄的小胡同。

俏皮话“南门外的警察——还代管八里台的事儿”也很著名。当年，出了南门外，海光寺一带就是连绵的稻田了，直到六里台、八里台，都是郊外开洼荒原。所以南门外的警察公署辖区一直延伸到八里台一带。天津人埋怨某机构或某人管事过宽过滥，就说“你是南门外的警察——还代管八里台的事儿!”

天津人逛大街迷了路，找不着北了，就说：“我是出南门奔西沽——转了向了!”西沽在老城厢的北部，出了北门还得向北边走四五里路。你出了南门奔西沽，可不是南辕北辙，转了向吗?

梁家嘴又名梁嘴子，历史悠久，是天津市区较早形成的聚落之一，当年也曾是繁华的小商业区。老天津卫俗语“梁嘴子过河——赵场（照常）办事”，就道出了当年赵家场（也称赵场）和梁家嘴隔着南运河遥遥相望的地理方位。老天津人到赵家场去办事，必须从梁家嘴过河。这个俗语的真意是“照常办事”的意思。潜台词是甭听他瞎咋呼，咱该怎么办就怎么办!

老城厢是天津形成和发展的摇篮，从建城以来，直至二十世纪二十年代，老城厢始终是天津市的中心区。天津城始建于明永乐二年（1404），设卫筑城，修建门楼，挖护城河，蔚为壮观。初为土城，弘治初年改建为砖城。城中十字街向外延伸可通四向大道，十字街交叉处建鼓楼。清道光年间《津门保甲图说》载:“镇、道、府、县及长芦运使皆驻城内，余文武大小公所十有四，庙三十有一，大街四，小街四，街巷一百有六。”当时北城多为官府衙门，武职区居西，文职区居东；城东北部有文庙，而武庙坐落在城西北部。老城分四个居住区，即东北角、东南角、西北角和西南角，建筑风格和道路形成各有不同，富贵人家择地建宅集中在东门和北门一带，因而东北角和东南角多为商贾富户，建筑宏伟，院深宅大。而西南城区，地势低洼，是贫苦百姓的居住地。因此产生了“北门富，南门穷，东门贵，西门贱”的说法。

天津民间流传俗语:“天津卫三宗宝，鼓楼、炮台、铃铛阁（gǎo）。”在普通市民的口语中，“铃铛阁”大有名气，而“藏经阁”这个正式名称却无人知晓了。民众甚至把稽古寺及其藏经阁一律统称“铃铛阁”了。清光绪十三年（1887），天津知府在稽古寺内设立稽古书院。光绪二十年（1894），附近木料场失火，殃及铃铛阁，建筑及藏书遭焚毁。光绪二十七年（1901），在铃铛阁旧址创建了天津最早的官立中学——普通中学堂，其沿革为今天津三中，现址为铃铛阁中学。铃铛阁已遭到焚毁一百多年，但这个名字却长久流传下去，因为由它派生出诸如铃铛阁大街、铃铛阁北胡同、铃铛阁大胡同、铃铛阁西胡同、铃铛阁中学、铃铛阁小学、铃铛阁街道办事处等一系列地名。

随着时代发展，派生出“天津三宗宝”系列：天津卫，三宗宝，范公幼梅孙菊老[①]；天津卫，三宗宝，永利南开大公报[②]；天津卫，三宗宝，泰达南开今晚报[③]；天津卫，三宗宝，银鱼紫蟹大红袄[④]。

描述天津特产的谚语自然含有地名，如：“大直沽，有三宝，烧酒古庙台子高”；“独流老醋宝坻蒜”；“葛沽萝卜豆瓣绿，杨柳青菜瓜酸甜的”；“烟台苹果莱阳梨，不如刘庄萝卜皮”；“沙窝的萝卜张家窝的枣，曹庄子养花水土好”；“杨村的糕干，林亭口的蒜，要吃稻米上小站”等。

① “范公”指著名文人严范孙（名修），“幼梅”指著名书法家赵元礼，“孙菊老”指著名京剧演员孙菊仙。

② “永利”指永利碱厂。

③ “泰达”指天津泰达集团。

④ “银鱼紫蟹”指天津特产，“大红袄”指天津民俗服饰。

6.3　天津方言与城市交通

6.3.1　骑马乘轿两相宜

直至十九世纪中期，天津还没有现代意义的“公共交通”。当时人们出行，除步行外，主要靠人抬的轿子或畜力车。官员出门乘轿子，百姓从轿子的式样、规格以及轿夫的多少，就可以知道是什么级别的官来了。官员乘轿走在街上，前有鸣锣开道，师爷、衙役前呼后拥，行人要躲避让路，显然，封建社会的官轿，与其说是交通工具，还不如说是权力的象征。

天津富人或绅士出行，除乘轿外，还乘坐马拉的“轿车”。1900年以后，天津上流社会追求洋化，盛行乘西洋式马车。高官或富商，为追求时髦，家中都拥有一两辆西洋马车。驾车用高大的西洋马。于是，轿子使用大量减少，人们逐渐把轿子看成是女人的专用品了。

官绅富商外出的交通方式仍为乘车、骑马；而普通人、小商户外出的交通方式却是骑驴——这种交通方式历史沧桑，从老地名“驴市”“马集”中可宛然再现。市民外出到驴市去租驴，当时叫“驴脚”。旧时东北角、马家口、西头驴市口都设有租驴业务。养驴者多为郊县农户，他们牵着配有鞍辔的毛驴，站在道边招揽客人。一旦谈好价钱，有人租乘则牵驴出发，显然为乡村的交通方式。今通往北辰区的红桥北大街，由桃林胡同至盐店街一段，原名“驴市街”；今红桥区西弯大街附近原有老街名“驴市口”；另有老巷名“驴市口后河沿”。这几个“驴市”街巷名，为这种早已消逝的交通方式提供了有力的佐证。

旧时公署衙门和豪门府第的大门口都设有上马石，供马夫侍奉主人上下马用。天津老地名马道胡同、拴马桩胡同、马棚胡同、马号胡同以及马集胡同等，就无声地显示出当年“车如流水马如龙”的热闹场面。“马道胡同”位于南马路西段北侧，原为天津旧城的登城马道，就是傍着城墙修建的慢坡，是登城的必经之路。天津每座城门、城角的两侧都各有一条马道，可骑马登城。1901 年，天津城垣拆除后，在南门西侧马道旧址建房成巷，故名。“拴马桩胡同”在东门内大街北侧，旧时为埋有木桩的空旷场地，为赴县署办公人员拴系马匹之用，后建房成巷，故名。“马棚胡同”西起东马路，东至南斜街，因此处原置有拴马席棚，为客商歇马之处。红桥区校军场大街附近的“马号胡同”，此处在清末曾为清军养马场，故名。

既然马匹是重要的交通工具，马、驴、骡的交易自然兴盛。津南咸水沽双港附近有村名“北马集”“南马集”，旧时为马匹交易场所。南开三马路北段有“马集胡同”，原为城南低洼荒地，1890 年形成骡马集市，1926 年建房成巷，故以“马集”为名。河北货场大街中段有“马集前胡同”，清光绪年间此地曾有骡马集市，胡同建在马集之前，故名。河北于厂大街中段也有“马集胡同”，清光绪年间为骡马集市，后建房成巷，1982 年因重名改为“马市胡同”。

6.3.2 胶皮·三轮·自行车

直到“人力车”（又名“洋车”）从日本传入天津，城市公交才出现新变化。所谓“人力车”，指人拉的车，有两个胶皮车轮，车身前有两根长柄，柄端有横木相连，主要用来载人。最初，天津话称之为“东洋车”。京津地区有童谣云：“东洋车，好买卖，大爷拉着大奶奶。”因人力车的车轮外裹着充气的橡胶皮带，车轴有滚珠轴承，行进异常轻巧，天津人称之为“胶皮”。天津第一辆“胶皮”亮相于1873年，这是大官僚盛宣怀在天津筹办轮船招商局后，从日本购买引进的。

天津的寓公、公馆的太太，及演艺界女星都喜欢从车厂雇“包月车”，或自家养一辆洋车。车厂包月胶皮和私家自用胶皮，都装饰考究：车身和车把都油漆一新，车座上有可张合的遮雨布棚，车座前有布帘挡风，车座底板处有脚踏铜铃，车身两侧各有一盏电石灯。据记载，清光绪三十二年（1906）天津有车厂二百三十处，胶皮六千多辆。

到了二十世纪三十年代前后，三轮儿车逐渐取代了胶皮。原先的胶皮包月车的车座前都装有布帏遮掩，而三轮儿车却是敞开的，便于乘客观赏沿途风光。同时，坐车人外形毕露，颇引路人瞩目。当年在天津大街小巷传唱着一首流行歌曲，名曰《三轮儿车上的小姐》：“三轮儿车上的小姐真美丽，西服裤子短大衣。张开小嘴笑嘻嘻，两只眼睛叫人迷。”

最初，天津人称汽车为“四轮电”。不用人力，可自动行驶的小汽车，那是上流社会的象征，一般市民却可望而不可即。小汽车（轿车）在天津市和三轮车几乎是同时兴盛的。居住在租界的寓公、富商，多购西洋轿车自用，以之为显示身份的标志，另外，当时天津租界内有三十来家“汽车行”，出租小汽车，按时计价。

天津话命名外来的交通工具：“胶皮”“三轮儿”和“四轮电”，都着眼突出车的关键部位——车轮，而舍去中心词“车”。这也昭示了天津话的地域特点：简洁明快而直奔主题。

中国是自行车王国，天津是自行车城，所以与自行车有关的俗语数量很多。这些俗语有俩特点：一形象，二幽默。故广为习用，历久不衰。如“耍龙”，本指节日欢庆时的大型集体文娱表演——舞龙；后指在骑自行车时，车把操持不稳，致使车行轨迹东扭西歪的情状。例如：“酒喝得不少，醉醺醺的，骑在车上直耍龙！”再如“撒把”，本指在骑自行车行程中双手离开车把的行为；后用“大撒把”比喻管理者放手不管，任其自由行事的行为。例如：“组织部门就是管干部的，如果面对干部的腐败现象，一眼睁一眼闭，那是失职；如果不闻不问大撒把，那就是渎职！”又如“拿龙”本指对自行车变形瓦圈的维修矫正；后比喻用拳脚教训人，迫使就范。在马志明著名相声《纠纷》中，就有一句令人发笑的话：“今个儿我给你拿拿龙！”就是扬言要通过狠狠地“得楞”，来扳扳对方的坏毛病。

6.3.3 有轨电车绕城转

天津公交创建于1906年，其标志是有轨电车的通车，早于上海（1908）、大连（1909）、广州（1920）、沈阳（1920）、北京

（1921）和南京（1931），成为全国公交首创城市。天津人称有轨电车叫做“摩电车”或“当当车”。有轨电车没有喇叭，而是在驾驶室内设置一个铃铛，驾驶员脚踩踏这个铃铛，发出“当当”声，提醒行人注意，“当当车”由此得名。史料记载，天津有轨电车线路始建于1901年，1906年第一辆有轨电车环旧城行驶上路，这是天津有轨电车最早开通的一条线路。

1905年，由比利时财团投资的天津电车电灯公司，在西南角（今南开五马路一带）建起电车公司车库。《天津地理买卖杂字》云：“西南角，广仁堂，电车公司叫卖行。”南开区服装街西段南侧原来有个“电前胡同”，所谓“电前”就是“电车公司前”，此巷临近收、发并维修电车的场地，故名。1906年6月，第一条公交线路——环城有轨电车正式开通运行。比商的白牌电车“围城转”的线路完工，长5.16公里，当时只能单向运行。《天津地理买卖杂字》云：“四马路，安电线，白牌电车围城转。”其线路从北大关起，分别驶向东、西两面，沿围城马路环行，因车头顶部有白色横额标志，俗称“白牌”。

旧时，天津拉胶皮的，最怕东马路马棚胡同站岗执勤的一个警察。这个警察见到拉胶皮的违规，就采用一种特殊的惩罚办法。既不扣车，也不扣人，而是二话不说，走上前去，拿起洋车的车垫就往白牌电车车顶上一扔。拉胶皮的车夫，只得眼巴巴等白牌电车围着老城绕一圈后，才能取回车垫。这就等于耽误了车夫一个钟头的买卖。

后来，天津电车公司陆续开辟了红、黄、蓝三牌电车，均由北大关为起点。至于用颜色区别不同线路的原因，是因为当时市民普遍文化水平不高，文盲还占相当一部分比例，颜色比数字好记。“红牌”经北马路、东北角、沿河马路，过金汤桥（东浮桥），经建国道至天津火车站。“黄牌”经北马路、东马路、东南角、四面钟、劝业场，至海关（今赤峰道与大沽路交口）。“蓝牌”前半段与“黄牌”驶同一线路，至劝业场后拐向滨江道，过万国桥（今解放桥）至天津火车站。过了五年，至1911年，比利时财团在天津电车业全部投资就已全部收回。1918年增设“绿牌”，从当时法租界老西开（今国际商场一带）沿滨江道，过万国桥至天津火车站。1927年增设“花牌”，由东北角至海关。六条线路全长21.63公里，电车五十五辆，运行区域覆盖了华界（俗称“中国地”）和奥、意、日、法四国租界以及部分俄租界和老龙头车站。1947年，增设由金钢桥通往北站的紫牌电车。这样就形成天津有轨电车——红、黄、蓝、绿、白、花、紫——的七彩线路。当时乘坐白牌电车的车票，如从北门上车，在南门下车，坐半圈儿用铜元六个大子儿，全程为铜元十二枚。从西北角坐黄牌电车到劝业场，票价也是六个大子儿。既方便又实惠。

在二十世纪三十年代，“坐电车逛劝业场”已成为天津流行的都市生活时尚，并由此产生了几条歇后语。例如：“白牌儿电车——围城转”；[①]“白牌儿电车——转去吧”，白牌儿电车是围城转的，“转去吧”表示上街逛商场的意思；“白牌儿电车进租界——岔道儿”，因当时红牌、黄牌、蓝牌等电车线路都经过租界，绿牌更不出租界，唯独白牌在城厢环行，不进租界，天津话岔道

① 见《天津地理买卖杂字》：“四马路，安电线，白牌电车围城转。”

儿，喻不按规矩办事或行为不端；“红牌儿电车——下河东”，旧时天津红牌儿电车线路，由北大关经东北角，过金汤桥沿今建国道至东站，建国道在海河以东，故曰下河东，《下河东》为戏曲剧目，天津人去河东办事往往谑称“红牌儿电车”，暗寓下河东之意；“老太太上电车——你老先别吹”，旧时有轨电车售票员吹小铜喇叭通知司机，作为开车信号，缠足老太太赶电车，动作慢，怕车开动，往往大声嘱咐卖票的：“你老先别吹，先别吹!”此句用于阻止某人吹牛，“吹”又谐音“催”，请求暂缓催促也用此语，颇具幽默色彩。

6.4 天津方言与商埠文化

6.4.1 天津商业发展简史

天津是中国北方最大的商业都市。历史上，天津的商业是伴随着漕运的繁荣，从“集市”商业起家的。“集市”指定期买卖货物的市场。“集”和“市”二者的区别在于：首先，“集”是定期或临时的，如“逢三有集”，就是说每月初三、十三、二十三定期赶集；而“市”却是常设的，每天都有。另外，“集”是综合性的，对各类商品没有限制；而“市”却多为某一大类的专业性商品。“集市”的发展刺激了整个城市经济的繁荣，因为旧时“集市”不单纯是各类商品的销售，同时对饮食、茶点、服务、旅店、交通、理发、澡塘、戏曲、演艺等行业的发展也是一个极大的拉动。

明代漕运的兴盛，有力地推动了天津城市经济的发展。天津最早的商业网点，就是明初宣德至成化年间（1426—1487），在城厢附近设立的五个集——鼓楼的宝泉集、东门里的仁厚集、南门里的货泉集、西门里的富有集、北门里的大道集。各集分别逢农历不同时日，每隔十天左右行集一次。后来，随着经济需求，到了明弘治六年（1493）又添设了五集一市：东门外的通济集、北门外的丰乐集、北门外靠西边的恒足集、张官屯的永丰集、天后宫的宫前集和西门外的安西市。那时，天津有每旬轮流举行一次的十个“集”，还有常设的一个“市”。至此每月天天有集。俗语“天津卫，天天集，今天不齐明天齐”“常赶集没有不碰上亲家的”等就道出了集市是亲友邂逅的场所，更显示出人声鼎沸的热闹场景。天津老地名中带“集”字的已不多见，例如津南外环线十八号桥附近的“北马集”“南马集”，南开三马路附近的“马集胡同”，北门内大街的“鸽子集胡同”等。

由“集”到“市”，是城市商业经济发展的必然结果。天津老地名中带“市”字的数量，远远超过了“集”，例如：南市、鸟市、西市（俗称鬼市）、粮市、针市街、菜市街、鱼市大街、肉市口大街、马市胡同、驴市口、盐市街等。

1900年，八国联军占领天津，原以北大关、估衣街、天后宫为代表的商业中心逐渐向南部移动，即向租界地南移。进入民国以后，历经壬子兵变、袁世凯称帝、张勋复辟、直皖战争、两次直奉战争、北京政变、国民革命军北伐等一系列事件，使京津政局动荡不安，一批军阀、官僚、政客、富商纷纷迁入租界，致使租界人口剧增。至二十年代末，法租界人口达五万二千多人，为租界之最。毗邻的英租界三万九千多人、日租界三万六千多人。居住在租界中的华人多是富裕人家。

百货大楼位于日租界的“旭街”，即今和平路与多伦道交口处，1928 年正式营业，当时叫“中原公司”，当时是天津最大的商场，以经营中高档日用百货而闻名华北地区。1932 年，中原公司又在法租界繁华的绿牌电车道（今滨江道）成立分店（今中原公司），以上两家与原法租界的劝业场号称为天津“三大商场”。此后几十年中，百货大楼都是天津数一的地标性建筑。

劝业场坐落在和平路与滨江道（原法租界杜领事路与福煦将军路）交口，1928 年建成开业。采用股份制，设分柜台招商，集购物与娱乐于一处，适应了现代商业的经营模式。其规模较此前开业的天祥商场（1924）、泰康商场（1926）以及日界的中原公司都大。与其楼边十字路的三大建筑兴业银行（1925）、惠中饭店（1926）、交通旅馆（1928）形成商业中心的典型景观，标志着天津商业中心由华界东北角地区转移到法租界劝业场一带的格局已开始形成，具有划时代意义。商业企业文化，当年的百货大楼的理念是卖真品、标实价，而劝业场则是业态形式丰富，集休闲购物于一体的购物中心。

6.4.2 天津方言蕴含商业文化要素

天津是“商贾之所萃集”的大都会，有着丰富多彩商俗文化积淀。从观念上讲，天津商人聚财思想十分鲜明。所以，天津人平日最敬财神和利市天官。大年初二，家家迎财神，商店供奉甚繁。天津人常用“富贵无三辈”“庄稼钱，万万年，买卖钱，四十年”，警告子孙。重视“财能生财”“喜本图利”“死钱变活钱”的商业经营思想，即追求资金在流动中扩大或增值。天津商人把顾客看成衣食父母，买多买少一样，百挑不厌，最后做到“买卖不成仁义在”。在经营管理上，合资（伙）人必须忠于本店，很多商行就用“双义成、三合义、聚义成”作为字号，信守同心同德的原则。天津商业用人，要找“穿过木头裙子（柜台）”的，也就是业务熟、懂规矩的职员。而“买卖家不招三爷：姑爷、少爷、舅爷”，免得长支短欠，因亲缘关系恃宠而骄，扰乱店规。这种种民俗心态，实际构成不成文的俗信，并在商业中传承下来。

最具有民俗特征的，是天津商业的文化形象。门脸各有光彩：药店、茶庄、绸缎庄、鞋帽铺、金店等，内外装修，各有特色。不像现在一律铝合金门窗。牌匾一定突出“名”和“优”，中和烟铺楼外标榜出“五甲子”（设于明崇祯末年）三字；药店是“冲天招牌”，上书“专门采办川广云贵地道生熟药材”。牌匾还要借名人以自重，劝业场、正兴德就是内阁中丞华世奎所题。老牌匾代表老字号或名店，有招徕顾客的吸引力。幌子是店招，大都标示性强，色彩斑斓，具有形象感染力，有实物型（桐油庄门口放油篓）、象征型（颜料铺飞红点翠的彩棒）、文字型（当铺外墙硕大的“当”字）、响器型（名为“报君知”，如修扇子的串儿铃、卖元宵敲梆子、剃头挑子的“唤头”等），都用个性鲜明的幌子吸引招徕顾客。

天津商俗很注意职业道德，把道德规范变成口头传承的信条，如货真价实、公平交易、童叟无欺等。再如交易上讲求“要奸不要赖”，就是精打细算，精于算计；但绝不可以假冒伪劣，欺诈违约。这已成为约定俗成的经营守则。

在天津店铺俗语里，流传最广的俏皮话，就是“大德祥改祥记——缺了大德了”。天津人眼里不揉沙子，心里有杆道德之秤，随时运用幽默的言语武器，对那些不够分量的人，进行公允的道德评判和绵里藏针式的抨击。天津店铺俗语，平实而诙谐，体现出商业都市的特点和天津人的幽默性情。

天津人吃东西认牌子，因为老牌子货真价实，保质保量，更重要的是因为技术独到，保持着传统的、特殊的天津风味。据《津门纪略》记载，老天津人吃糖炒栗子，要吃东门牌坊下“郑三炒”的，他的门口悬挂着“拣选遵化大栗子”的招牌，亲手一个一个地精挑细选，炒时频频添加糖稀，炒出的栗子又甜又面好脱皮，食者无论家住多远都要到这里来买；天津人吃花生总要买鼓楼下“张二”家的，或者是文庙前“大头”的，“大头”家的瓜子也好，都是大白心；要吃细糖（即南糖）最好是白家胡同或东门里“永源斋”的；吃好馅大糖是鼓楼北金声园口上的；吃元宵，户部街“祥德斋”的最好，买多少摇多少，个大馅全，糯甜新鲜；吃月饼毛贾伙巷“胜兰斋”的最好；芝麻饼要数东门“一品香”；“祥德斋”的家常烙、翻毛最拿手；“春涌德”的大小八件远近驰名；就连串胡同的丁伯玉糖堆、粘子也享誉津门，他出售的糖堆选上等材料加工细作，糖熬到最佳火候，放置一两天不化，掉在皮袄上都不粘。

6.4.3 天津传统老字号

“十年铺子，人捧字号；百年铺子，字号捧人”。天津老字号，总是用传奇、辉煌和魅力吸引着代代相承的消费者。天津人素有“老字号”情结，对那些伴随自己长大的商家、商品总是念念不忘。旧时《天津地理买卖杂字》列出当时的“老字号”就有几十家之多，“要穿鞋，日升斋，德华鑫的都认买。仁义和，靴鞋庄，物彩华的真是强。要戴帽，北德馨，马聚元的也时兴。售品所，北门东，龙亭商场万寿宫。大药铺，同仁堂，裕甡、天元、万全堂。瑞林祥，瑞蚨祥，绫罗洋布绸缎庄。谦祥益，范永和，栏杆广货带绫罗。北门外，天华泰，元兴、裕升茶叶卖。……”“刷子马勺韦陀庙，鸡毛掸子南头窑”，这条俗谚告诉大家：买刷子马勺去韦陀庙，买鸡毛掸子去南头窑。当年，西门外韦陀庙一带，卖刷子马勺等炊具杂品的店铺多集中于此；而南头窑一带，有多家卖卤鸡酱鸭的作坊，同时还有经营鸡鸭羽毛制品的商号。

经过岁月淘涤和沧桑巨变，老天津卫保留的老字号及其商品，如盛锡福帽子、老美华布鞋、正兴德茶叶、达仁堂丸药、亨得利钟表眼镜、月盛斋酱牛肉、桂顺斋糕点、冠生园南味等，至今仍享誉津门，驰名中外。

“喝茶要喝正兴德，涮羊肉要吃永元德”——体现饮食消费的名牌情结；“盛锡福的帽子，老美华的鞋”——盛锡福帽庄、老美华鞋店，天津鞋帽业之翘楚； “瑞蚨祥的货——没假的”——瑞蚨祥绸布庄保证货真价实；“一品香的招牌——四远驰名”，当年一品香糕点店字号两侧有两块匾，一写“自制糕点”，另一写“四远驰名”；“长元合的蜡——干碗儿的”，旧时夜间以蜡烛为照明物，天津长元合蜡店产品质量高，点蜡后蜡碗儿不积存蜡油，不流蜡泪，“干碗儿的”也指以空碗待客，讽刺舍不得花钱的吝啬人。

6.4.4 商业文化俗语

劝业场建于1928年，创办人为高星桥。该店因地处法租界，开业前曾定名“法国商场”；后采纳股东、庆亲王载振的建议，改名“劝业商场”。场内高悬“劝吾胞舆，业精于勤，商务发达，场益增新”四条幅，作为经营宗旨。亨得利钟表店1920年创办，字号取“万事亨通，大得其利”之意。原址在日租界旭街，1932年在法租界设分行。其经营方针：以经营钟表、眼镜为主，维修为辅；勤俭治店，热情待客；货真价实，品种繁多；人无我有，人有我好。在消费者中赢得良好信誉。

“买卖不懂行，瞎子撞南墙”；“买卖争毫厘，人情送马匹”；“生意买卖千条路，谁有信誉谁先富”；“生意无大小，信誉是个宝”；“不穿三年木头裙，学不成一个买卖人”等都是人人皆知的商业谚语。“不打馋不打懒，专打不长眼的”，强调在商业社会应善于察言观色，有眼力见儿。“人叫人不应，货叫人就灵”；“人叫人累死人，货叫人挤破门”；“人叫人千声不语，货叫人点首自来”；“人无我有，人有我全，人全我优，人优我廉”。以上这些经商谚语在天津历史文化中都产生了很大的影响。

6.5　天津方言与饮食文化

6.5.1　河海两鲜

一方水土养一方人，一方水土造就一方的饮食文化。天津地处九河下梢，河海相通，自古以来，渔业和盐业是天津两项重要的财源。由于九河下梢、河海交汇的地理位置，天津的渔产很为丰富。《天津县志》载："津邑，滨海区也。鱼利与盐同，捕鱼不下三十种。"河海两鲜品种繁多，但因季节性强，不易保存，这就形成天津人吃河海产品十分讲究时令的习俗，春夏秋冬四季各有所偏。一种水鲜产品上市，数日之内购者趋之若鹜，"津城处处，炊烟四起，食民大快朵颐"。

一些天津俗谚就典型而形象地反映出奇特的饮食习俗。例如："三天鱼虾不上灶，天津卫人学猫叫"——夸张性地描摹了天津人嗜食鱼虾的饮食习俗。"清蒸鲙鱼烧黄花，油炸刀鱼炖鳎目"——用天津河海两鲜为食材烹制的四种佳肴：清蒸鲙鱼、红烧黄花鱼、油炸刀鱼、炖鳎目鱼。"河中鲤，港中梭，纤板刀鱼不用割"——鲤鱼、梭鱼、刀鱼，为天津鲜鱼上品。"纤板"，即纤夫拉纤时做垫肩用的二尺长木板，比喻刀鱼的形状。"不用割"的原由，是用刀宰割刀鱼易将苦胆割破，只能用拇指和食指入腮后，将鱼鳃和脏器一起取出。"黄鳞鲫鱼，味美肉厚；白鳞鲫鱼，头大身瘦；黑鳞鲫鱼，刺硬薄肉"——对不同颜色鳞片鲫鱼作为食材的性质和特点，作了精当描述。“能舍一头牛，不舍梭鱼头”；“能舍亲娘舅，不舍梭鱼头”——极言梭鱼之鲜美，凸显天津人食鱼的嗜好。“春吃海蟹，秋吃河蟹，冬吃紫蟹”——其中“紫蟹”为天津冬季特产，体小如铜钱，味极鲜美。“一平二鲙三鳎目”——平鱼、鲙鱼和比目鱼是天津著名海产品，也是百姓餐桌的上等食材。“晃虾对虾皮皮虾，鲫头黄花大鳎目”——夸耀天津海鲜之丰富。“七上八下螃蟹肥，圆脐破了黄，尖脐油糊嘴”；“九月团脐十月尖”；“九月雌蟹黄饱满，十月雄蟹膏丰腴”——农历七八月是螃蟹肥美之季。“团脐”，指雌蟹；“尖脐”，指雄蟹。雌蟹九月肥美，雄蟹十月肥美。

6.5.2 运河与饮食

从运河漕运时代，淮扬菜与鲁菜已开始在天津融合，轮船通航又使大批胶东人从海路来津，使以“河海两鲜”固有特色的“津菜”技艺大为提高。天津饮食还注重对理论和技艺的学习。扬州盐商所著的《调鼎集》曾成为津门厨师的授徒教材。被法国人称为“美食经典”的《随园食单》，其著者袁枚作为著名作家曾北上津门客居水西庄。在天津，名人名居对饮食的推动格外强劲。名人来自不同地区，常会客摆宴，推动厨艺在比拼和吸纳中不断提高。

老天津卫就有“八大成”“十二楼”“十大庄”等系列饭庄命名。从这些林林总总的系列饭庄名，可以窥见天津作为商业大都市当年的繁华景象。从清康熙至民国时期，天津有八家店名含有“成”字的天津风味大型饭庄，即聚庆成、聚合成、义和成、聚乐成、义升成、福聚成、聚升成、聚源成。当年合称为“八大成”。其中聚庆成开办于乾隆元年，原址在荣业大街黄河戏院旁。该饭庄之所以取名“庆”成，含有庆祝乾隆皇帝登基之意。后来，乾隆南巡路过天津，驻万寿宫（今北马路小学），每日均由聚庆成饭庄供应御膳，可见烹调水平之高。“十大庄”是二十世纪二十年代末三十年代初，由山东籍人士开办或经营的十家饭庄，即同福楼、天源楼、登瀛楼、晋阳楼、松竹楼、全聚德、天兴楼、会英楼、万福楼、蓬莱春。“十大庄”开业最早的是同福楼，在清末开业，原址在北大关，后迁到南市东兴街。声誉最盛的是登瀛楼，1913 年在南市建物街开业，1913 年在滨江道开设新店，成为闻名遐迩的名店。

6.5.3 方言中的饮食文化要素

天津方言俗语“吃尽穿绝天津卫”，指天津人讲究吃穿，穷奢极欲。天津话“吃主儿”，就指美食家：“张爷，您是吃主儿，您品品这罾蹦鲤鱼，做得怎么样?”“吃八方”形容处处顺畅，受欢迎。“这孩子嘴大，倒也不错！嘴大吃八方嘛。”天津人说“吃饭家伙”，指脑袋；“吃饭家伙丢了”“吃饭家伙搬家”就是杀头的诙谐说法，如：“一句话错了板眼，吃饭家伙就丢了。”“如果我们赢了这俩日本人，说不定我们吃饭家伙就得搬家。”“吃挂落儿”指受连累，受牵连。如：“你惹了祸，我们大伙儿都跟着吃挂落儿。”“吃耗子药”讽刺频繁搬家。如：“连着换了三次房，你吃耗子药啦?”“吃几碗干饭”意在感叹究竟有多大本事，用于讽刺。如：“那你知道自己能吃几碗干饭吗?”“真不知道自个儿吃儿碗干饭。”“吃天鹅肉”比喻妄想。如：“你小子想吃天鹅肉又吃不着，就说肉是酸的。”“吃洋饭儿”指为外国人工作。如：“旧时把使领馆、教会、洋行等处的雇员、译员等，统称为吃洋饭儿的。”“吃人儿的”，一指靠骗术谋生的人，如：“他可是吃人儿的，千万别和他罗合。”二指专以色相骗取钱财的女人。如：“那个娘儿们可是个吃人儿的主儿。”“吃过见过”，指生活阅历广，尽情享用过。如：“吃主儿也不纠缠，显摆的是口儿高，表示咱爷们儿吃过见过。”

天津话“一锅端”原指把盛满饭菜的锅整个端走，比喻全部清除或全部消灭的意思，如：“趁这股敌人立脚未稳，我们把它一锅端了吧！”——这里的“一锅端”是全部歼灭的意思。再如：“公安局把这个无恶不作的黑势力集团一锅端了！”——这里的“一锅端”是全部逮捕的意思。再如：“惩治集体腐败的终极杀招，就是将腐败的领导班子一锅端。”——这里的“一锅端”就是全部撤职查办的意思。“一锅端”还比喻一个不剩，一个不留。如：“在‘文革’时期，大城市老三届的学生，除极特殊情况外，一锅端，都上山下乡了。”“一锅端”还比喻全部说出来的意思，如：“我的话在心里憋了多年，不管对错，怎么想怎么说，今天我是一锅端，给你来个和盘托出。”

天津话还有一个惯用语：“一锅熬”，原指把多种不同品类的食物放在一个锅里煮熟。后比喻不分优劣，不分具体原因，放在一起处理。如：“对这些犯错误的同志，应作具体分析，区别对待，可不能不分青红皂白地一锅熬啊！”“一锅熬”也说成“一勺烩”，是不分好坏，同样处理的意思。如：“那种不加选择，不顾后果，一勺烩的做法是很不妥当的。”

天津话“一锅粥”，比喻情况十分混乱，一团糟。如：“‘文革’时闹派性，每个学校都分成势不两立的两大派，互相攻击，把原本平静的校园闹腾成了一锅粥。”天津话还有“一锅腥”，是俗语“一条鱼满锅腥”的缩略，比喻因为一个人或一件事影响了集体或全局，如：“这小子纯粹是害群之马，他一个人捣乱，结果一锅腥，害得大家都跟着吃挂落!”

6.5.4 烹调词语

（一）菜品俗谚

关于天津菜品的俗谚数量很多，例如：“冬吃鱼头夏吃尾，春吃黄花秋蟹美，晃虾青梭伏蹋目，银鱼铁雀野鸭肥”，总结天津人四季应时食品。介绍天津特色菜品的，如：“白崩鱼丁虾油蘸，河豚苦菜白糖拌；海蜇对虾女儿蛏，雪后铁雀树上弹”。介绍天津家常菜品的，如：“爆三样儿熘鱼片儿，南煎丸子炸脂盖儿。干焙肉丝大料瓣儿，冰糖莲子上鸭楦儿”。介绍天津家常菜品的，如：“干饭茄子泥，贴饽饽熬小鱼”。介绍天津婚丧寿宴席面的，如：“烧肉丸子鸡，滑鱼独面筋。合碗上笼屉，南北作东西”。描写津门饮食名店拿手佳肴的，例如：“会芳牛尾焙得透，什锦斋内蒸松肉，惠罗春柳三丝汤，随园肘子口味厚”。再如：“曹记驴肉白记饺儿，石头门坎吃素包儿”。曹记驴肉、白记饺子，石头门坎素包儿，皆为天津老字号饮食名品。“上岗子面茶芝麻香，西北城角喝羊汤”，天津风味小吃——面茶和羊汤，以坐落在河北上岗子和西北城角的为最佳。

（二）厨艺谚语

“蒸锅合碗大锅台，前墩后墩齐过来。小灶干净麻利快，面案抻出银丝来”——描写厨房各工种的按部就班。“响堂鸣灶哑巴墩儿”——旧时饭馆规矩，厅堂报菜名声音要响亮，灶上烹炒锅勺要敲出点儿来，而墩儿上操作却不能出声。“入厨先洗手，上灶莫多言”；“切菜看刀口，炒菜看火候”；“七分墩儿三分灶儿，十般手艺全学到”；“厨师两件宝，好火与快刀，人实火要虚，才能把菜炒”；“火是小灶儿的胆儿，油是小灶儿的脸儿”；“十个厨子九个淡，食客吃完没包涵”——这些餐饮业厨艺俗谚都是规律性的概括总结。再如：“要吃素菜香，多加芫荽姜；青酱料酒醋，白糖味之素；提汤大白油，炖汤要靠卤儿”；“鱼老要用大火熬，虾米老了味精找。牛肉不烂小火焐，里脊老了拿水焯”——都是对厨艺要领的高度概括。

（三）面食俗谚

天津人喜食饺子、捞面等面食，但何时吃饺子，何时吃捞面，却有讲究：“上马饺子下马面”——津俗饯行食饺子，接风吃捞面。“催生饺子长寿面”——诞辰前一日食饺子，当天吃捞面。“团圆饺子散伙面”——亲友团聚时吃饺子，散伙时食捞面。“开张饺子关门面”——商店开业，吃饺子祝贺；商店歇业，有吃散伙面之习俗。“冬至馄饨夏至面”——天津节令饮食习俗。冬至那天吃馄饨，标志着秋季结束，冬季到来；夏至那天吃捞面，标志着春季结束，夏季到来。“头伏饺子二伏面，三伏烙饼炒鸡蛋”——民俗节令饮食。

天津面食名牌——狗不理包子。早年卖包子的高贵友，乳名“狗子”，整日低头经营，很少说话，人送外号“狗不理”。后成为著名品牌。于是产生了“天津卫的包子——狗不理”；“狗不理包子——一屜顶一屜”；“狗不理包子——全是褶儿”等俗语。石头门坎儿素包，亦为驰名，其特点就是一句天津俗谚：“石头门坎儿包子——没肉”，多形容某人体形干瘦。“皇上卖包子——御驾亲蒸（征）”，皇上车马称“御驾”，也用于皇上尊称。蒸、征同音。此语常指有身份、有名气的人物亲自动手或者亲临，含嘲讽意。

（四）小吃俏皮话

天津以各类小吃为内容编制的歇后语，多言此意彼，奏弦外之音。例如：“卖烧饼不带干粮——吃货”；“卖烧鸡的挎提盒——不吃卤鸡吃窝脖儿”；“煎饼馃子带作料——一套一套的”；“卖煎饼馃子的翻车（或摔跤）——乱套了”；“煎饼馃子就面茶——好吃不好拿”等。天津切糕以江米小枣为主料，故有“卖切糕的回家——枣（早）下街”的俗语。“卖茶汤的下街——没面子”，茶汤是用秫米面经沸水冲熟制作的，如面子没了，只好下街回家。沏茶汤秫米面的“面子”，双关好面子的“面子”。“没面子”指丢尽了面子。

最诙谐可笑的是“天津面茶俏皮话系列”：“面茶锅里煮铁球——混蛋带砸锅”；“面茶锅里煮灯泡儿——混蛋带邪火”；“面

茶锅里煮灯泡儿——说你混蛋，你还一肚子火”；“面茶锅里煮皮球——混蛋还带一肚子气”；“面茶锅里煮元宵——混蛋加糊涂”；“面茶锅里煮寿桃——糊涂点心出了尖”等。

6.6 天津方言与宗教文化

6.6.1 宗教多元格局

天津传统宗教寺庙，主要属于道教和佛教两大系统。道教是产生于中国的古老宗教，它来源于汉族古代的占卜、医术，到秦汉时期发展为神仙方术。东汉时期张道陵所倡导的五斗米道，奉老子为教主，并以老子《道德经》作为基本教义。道教从此逐渐形成。道教对中国的文化及汉语词汇产生了深远的影响。佛教起源于古印度，相传公元前六至前五世纪为释迦牟尼所创立。到公元前三世纪发扬光大，一跃而成为世界性的宗教。与印度为邻的中国，自然最先受其影响。在两汉之际，佛教东渐传进中国。佛教使中国传统民俗得到极大的开拓和扩展，派生或形成了许多新内容和新形式。无论婚丧嫁娶、衣食住行、岁时节日、娱乐游艺，无时无处不闪烁着“佛”的法影慈光。

但在天津这座移民城市，从信仰习俗层面分析，天津地域民俗文化的原生点是妈祖崇拜，因而说“先有娘娘庙，后有天津城”。天津妈祖文化虽地位显赫，但并不排斥异己、唯我独尊。在天津，儒、道、释等传统文化和外来宗教文化各行其是——以天后宫为代表的妈祖民俗文化，以祭祀孔子的文庙和祭祀关羽的武庙为代表的儒家文化，以大悲院为代表的佛教文化，以玉皇阁、吕祖堂为代表的道教文化，以清真大寺为代表的伊斯兰文化，以及以望海楼、老西开教堂为代表的天主教文化等，多姿多彩的宗教文化各行其是，互不相扰，构成多元化的格局。

6.6.2 寺庙通名辨析

刊行于清光绪二十四年的《津门纪略》，列出当时天津市区各类传统宗教祭祀类建筑约一百八十座，可见天津历史寺庙数量之多。寺庙是地名的主要生成基础，也是历史文化研究的重要因素。天津地区宗教祭祀类传统建筑，其通名有：庙、寺、庵、院、林、宫、观、阁、祠、坛、亭等。

“庙”指一般庙宇，其奉祀对象是“神”，如玉皇、关帝、五圣、火神、风神、财神、花神等。在天津宗教祭祀类建筑里，以“庙”为通名的宗教建筑有近六十座。其中：关帝庙九座、火神庙六座、三官庙五座、药王庙四座、龙王庙三座、三皇庙三座，娘娘庙、东岳庙、小双庙、韦陀庙、行宫庙各两座。另有：文庙、武庙、文昌庙、大王庙、风神庙、财神庙、元帝庙、花神庙、三义庙、五圣庙、玉皇庙、九天庙、八蜡庙、双忠庙、帝君庙等。

佛教庙宇，和尚住的叫“寺”，尼姑住的叫“庵”；其通名另有“院”和“林”等。天津以“寺”为通名的佛教建筑有二十多座。其中白衣寺两座，还有海光寺、稽古寺、涌泉寺、慈惠寺、甘露寺、望海寺、先登寺、北极寺、仁天寺、龙泉寺、大佛寺、天安寺、观音寺、海会寺、永明寺、厉坛寺等。天津以“庵”为通名的宗教建筑有四十多座。其中地藏庵四座、准提庵三座、三圣庵三座、白衣庵两座、水月庵三座，还有草厂庵、达摩庵、维摩庵、宝林庵、万寿庵、毗卢庵、文殊庵、大觉庵、元会庵、净业庵、清净庵、善庆庵、茶棚庵、紫竹庵、无量庵、育德庵、崇福庵、念佛庵、如意庵、接引庵、延寿庵、大悲庵、广寿庵、古皇庵、海潮庵、观音庵、皇姑庵等。以“院”为通名的有五座：大悲院、慈航院、宏济院、香林院和清修院。以“林”为通名有四座：紫竹林、福德禅林、狮子林和大慈林。佛教庙宇奉祀对象都是“佛”。

天津宗教建筑以“宫”为通名的有六座：天后宫、万寿宫、文昌宫、太阳宫、福寿宫和崇仁宫。以“观”为通名的有八座：朝阳观、太虚观、玉清观、云霞观、崇禧观和圆通观等。以“阁”为通名的有九座：玉皇阁、魁星阁（两座，分别位于学署东和县署旁）、吕祖阁、天师阁、过街阁、南阁、北阁等。以“堂”为通名的有两座：吕祖堂和老君堂。宫、观、阁、堂等为通名的道教庙宇，所奉祀对象皆为“仙”。

“祠”指供奉祖先或功臣英烈的建筑物，其奉祀对象是实实在在的“人”。天津以“祠”为通名的祭祀性建筑近三十座。其中：恬佑祠三座、福德祠两座，另有愍忠祠、懋功祠，以及设在文庙里的昭忠祠、名宦祠、忠义祠、乡贤祠、节孝祠等。至于奉祀某历史人物的专祠，如僧王祠、曾公祠、丁公祠、李公祠、周公祠、聂公祠等，数量很多，兹不赘引。

天津旧时有“祭坛”三座：位于城西的社稷坛、位于城东南的先农坛和位于城南的风云雷雨坛。还有一座万寿亭，位于北门内只家胡同以东，于清雍正八年建。亭内供有“当今皇帝万岁万岁万万岁”牌位，俗称“龙亭圣庙”，简称“龙亭”，这里是宣读“圣谕广训”之处。另外，清代各级官吏每年在此行岁时朝贺之礼，为皇帝祝寿。

以上所谈宗教祭祀建筑久经风雨，今多已湮没无存，有些经保护维修得以延续，如文庙、大悲院、天后宫等。有些庙宇建筑，其实体早已不复存在，但以地名形式世代流传，迄今跃动着不朽的生命活力，如海光寺、大寺等。

6.6.3　寺庙林立天津城

旧时，天津民间信仰多种神灵，反映出天津地域文化兼容并包、异彩纷呈的特色。大批移民聚居津门，孤独求助的祈福心理、畏惧灾祸的避祸心理，加之各地移民带来形形色色的神偶及其民间宗教传说，就形成了天津民间的多神崇拜。清朝时，天津各类寺庙达一百九十多处，皆香火旺盛，可谓五花八门。狮子林桥得名于狮子林大街，狮子林大街得名于狮子林村，而狮子林村名却源于狮子林庙。

市区以寺庙为名的近百条街巷地名就反映出天津多神崇拜之盛！仅红桥区就有龙王庙西街、大王庙后街、药王庙前街、慈惠寺大街、先登寺胡同、西玉皇庙胡同、普渡庵胡同、三官庙胡同、募安寺前街、如来庵胡同、火神庙西街、土地庙大街、古皇庵大街、如意庵后街、青龙庙胡同、海会寺西街、永明寺大街、千福寺前胡同、韦驮庙西街、育德庵东街、毗卢室大街、黄姑庵横街、双忠庙大街、白寺西胡同、红寺后、黑寺胡同等。

各种宗教寺庙本身就是令人注目的独特建筑，往往成为某一个地区的典型标志物，对附近地区的村庄、街道、胡同命名产生了重要的影响。这又可以分为两种情况：

第一种情况是直接把寺庙名作为村庄聚落的名字，这在地名语言形式上属于转类地名，例如市区的海光寺、挂甲寺、大寺、白庙等已成为某一地域的名称。再如北辰桃花寺、汉沽火神庙、铁神庙、大神堂、宝坻娘娘庙、焦山寺等，都是以寺庙名直接作为村名的。

第二种情况是由寺庙派生的地名，例如和平区滨江道普爱里，1919 年由法国天主教堂普爱堂建，故名。河北区娘娘庙前街因位于娘娘庙前而得名。河东区的玄帝庙大街因玄帝庙得名。另有河西区土城药王庙胡同；南开区清化祠大街、草厂庵胡同、古教胡同、天齐庙大街，东南角水月庵胡同、南门里涌泉寺胡同、西门里城隍庙街、东北角三义庙街；北辰天穆镇的天齐庙大街等。这些地名都反映出当年宗教活动的情况。

随着文明普及和社会进步，人们对诸神的信仰早已淡漠；但以寺庙为名的街巷，作为历史文化的见证，却仍活跃在人们的口头上和记忆中。

6.6.4 妈祖文化影响大

民谚云“先有娘娘宫，后有天津卫”，建于元泰定三年的娘娘宫比天津卫建城早了近百年。于是，本应是护佑“漕运”平安的妈祖林默娘，转身就变成了“三津福主”的卫城保护神，受到天津卫军民百姓的顶礼膜拜。如果最初的漕丁船夫们崇拜妈祖不过是祈求航行安全，那后来的“全民”崇拜已变成了对百姓居家生活的全方位护佑了。后来，几代帝王先后对妈祖下旨旌表，或尊为“天妃”，或尊为“娘娘”，更加推动和助长了这种民间崇拜，来自全国各地的移民，很快就被天津这种单一的疯狂膜拜所同化，而淡化了早年各自对佛、道等宗教的热情。

天津人崇拜天后娘娘，还因为传说中的娘娘是坐在“海眼”上的，一旦娘娘离位，海水就会涌出将天津城淹没。因此，天津卫的军民百姓把自己一生安危、兴旺富贵都交给了娘娘。从结婚、生子、灾病、老死莫不祈求娘娘的护佑。为迎合百姓的这种需求，娘娘宫的管理者又为娘娘衍生出多位化身，她们分别是“眼光娘娘”“送生娘娘”“斑疹娘娘”“子孙娘娘”等。眼光娘娘专门护佑人们的双眼，有眼疾的人们多在此膜拜许愿，眼光娘娘的身上挂满了大大小小的眼睛，那都是还原的人们用各色布头缝制的眼睛模型。送生娘娘和子孙娘娘专司人们生殖及繁衍后代，这两位娘娘的身上爬满了大大小小的孩子，送生娘娘的脚下还堆满了各式小泥娃娃，供那些不生育的妇女“偷”走，谓之“拴娃娃”。斑疹娘娘是保佑孩子们茁壮成长的，得了天花，出了水痘，头疼脑热、发烧咳嗽都须在娘娘面前烧香祷告祈求平安。

6.6.5 拴娃娃和洗娃娃

每逢初一、十五开庙之际，那些婚后未育的妇女们，便蜂拥而至，向天后娘娘焚香膜拜后，用红线拴走子孙娘娘像前的一个小泥娃娃，口中念念有词：“好孩子，跟妈妈回家。”也有的妇女在拴一个泥娃娃之后，仍嫌不足，趁着道士不注意，偷偷又拿走一个，揣进怀里。这正应了天津的俗例儿——偷娃娃。拴也罢，偷也罢，那些妇女一旦生育，便认为是天后娘娘赐予的。在婴儿百日之内，到天后宫还愿。除焚香礼拜外，还要送回九十九个小泥娃娃，放在子孙娘娘像前，供其他妇女再去拴或偷。

妇女“拴娃娃”之后，仍未生育，怎么办呢？聪明的天津人在五行八作中又兴起了一个新的行当——“洗娃娃”。妇女从天后宫拴来娃娃，仍未生育，但这泥娃娃也是天后娘娘赐予的，进了家门就如亲生一般，称为娃娃大哥。“孩子”要年年长大，因此每年要把娃娃大哥送到娃娃铺去“洗”一次，其实就是再换个大一点的。

天后宫的“拴娃娃”和“洗娃娃”，旧时直接关系着生活在社会最底层妇女的命运，尤其为久婚未育的妇女带来希望和勇气。她们在传统观念的压抑下，借此可以得到些许慰藉和解脱。在当时的历史条件下，为稳定婚姻、家庭起到一定的积极作用。天津的“洗娃娃”也为彩塑业的发展作出过积极贡献，因其具有浓郁的地方特色和艺术风格，故又被冠以“天津娃娃”之美称，在妈祖文化中占有一席之地。

天津话“娃娃”不指小孩儿，而指泥娃娃。今天古文化街的娘娘宫，供奉着保佑船夫渔民航海安全的妈祖。妈祖落户天津后，产生了“送子娘娘”的神灵。旧时婚姻观念，提倡早婚，“早立子才能早得济”。但旧时医疗卫生条件落后，天花、麻疹、肺炎等疾病严重威胁新生儿的生命。于是，就到娘娘宫去烧香祈祷，请回一个泥娃娃，当作儿子。家中有了长子“娃娃哥哥”，于是“招弟”“连弟”“续弟”，弟弟们就接二连三地呼噜噜跟着来了。

6.6.6 有关宗教文化的天津俗语俗谚

（一）城隍系列

城隍，被民间视为城市的保护神，其功能是除奸去恶、护国保邦，管理阴间之魂。天津城隍庙有两个大殿，分别供奉天津府城隍、天津县城隍两座塑像。后有寝殿，塑有府城隍的卧像。庙门两侧的十间配殿是“十殿阎君”殿，塑有不同造型的殿堂和刑场：凡在“阳世间”做坏事的人，死后“受阎君审判”，按罪受刑，如鞭打、锯身、割舌、下油锅、上刀山等。做好事的人则“打入轮回，再转世做人”。

天津方言俏皮话以“城隍”为主角的，都很诙谐风趣。例如：“城隍出巡——小鬼当家”。城隍为冥界地方长官，其部属皆为小鬼。城隍出巡不在家，小鬼临时掌权执法。“小鬼当家”，比喻下属弄权。“城隍老爷掷骰子（tóuzi）——净是鬼点子”。骰子，即色子，立体小方块赌具，六个正方形面上，分别刻有一、二、三、四、五、六点。“鬼点子”指坏主意。“城隍庙的大匾——你可来了”。城隍庙大殿匾额上书“你可来了”，以震慑行恶之人。此外尚有黑、白无常塑像，各执“勾魂牌”，一书“你可来了”，另一书“正要拿你”。“你可来了”意为“你终于来了”。“城隍庙的后殿——卧像（饿相）”。天津旧城西北角城隍庙供奉天津府、县二城隍。后殿即寝殿，塑府城隍卧像。“卧像”

谐音“饿相”。

（二）娘娘宫系列

“娘娘宫的小玩意儿——耍货儿”，天津天后宫附近有许多出售各种儿童玩具的货摊，名曰“耍货儿摊”。耍货儿，双关不踏实工作的年轻人。“娘娘宫里抱个兔捣碓儿——没点儿人样儿”，旧时妇女为求子到娘娘宫拴娃娃。兔捣碓儿，即兔面人身作捣药状的泥娃娃。“没点儿人样儿”，讥讽面貌丑陋或举止放诞，缺乏家教的人。“拍花的逛娘娘宫——白搭功夫”，“拍花的”，拐卖小孩的人贩子的旧称。娘娘宫旧时游客绝少儿童，宫内“娃娃”又都是泥胎，人贩子到此伺机拐带孩子，纯属“白搭功夫”。“妙峰山的灵光——照远不照近”，北京西郊妙峰山有碧霞元君庙，供奉泰山娘娘，在旧时颇受天津人的崇拜。每年阴历四月初一至十五举办碧霞元君生日庙会，前往朝山进香者中当地人并不多，而天津人却成群结队前来朝拜。“照远不照近”形容墙里开花墙外香，名声在外。

（三）土地爷系列

土地是五谷生成之地，是人类衣食父母，因而从远古以来，人们都祭祀土地神，而土地庙就是祭祀之处。旧时，土地庙遍布城乡街镇。土地神相当人世间地保村长一类，立足基层，级别最低，故天津有关土地爷的俗谚多为诙谐调侃，例如：“土地爷掏耳朵——崴泥了”。“崴泥”，比喻遇到麻烦或事情棘手难办。“土地爷拜娘娘——舍把老脸儿”。“舍把老脸儿”，常指老年人无奈之下只好求人办事。“土地爷放屁——好大一股神气儿”。“好大一股神气儿”，讽刺某人拿腔作调端架子。“土地爷吃窝头——担不起大贡献”。“担不起大贡献”，表示谦让退却，担待不起的意思。

（四）阎王爷系列

迷信传说，阎王是掌管冥界之神，是阴曹地府的主宰。因此关于阎王的歇后语无不与“鬼”关联。例如：“阎王爷出告示——鬼话连篇”；“阎王爷拉弓——射（色）鬼”；“阎王爷没在家——小鬼造反了”；“阎王奶奶有喜——怀着鬼胎”等。

（五）灶王爷系列

灶神，旧俗家家户户供于灶上的神，也称灶王、灶君，俗称灶王爷。古代神话传说中的司饮食之神，晋以后则列为督察人间善恶的司命之神。传说灶神于农历腊月二十三日上天呈报人家善恶，被尊为“一家之主”。玉皇大帝根据灶王爷的汇报，将这一家在新的一年中应得的吉凶祸福命运交于灶王爷之手。

送灶神的仪式称为祭灶，在腊月二十三黄昏入夜之时，一家人到灶房，向设在灶壁神龛中的灶王爷敬香，并供上用饴糖和面做成的糖瓜，用糖塞住灶王爷的嘴，让他别说坏话。然后将竹篾扎成的纸马和喂牲口的草料，将神像揭下烧掉，和纸与烟一起升天了。天津方言俏皮话“灶王爷吃糖瓜——稳吃把儿拿”；“灶王爷吃糖瓜——稳拿”；“灶王爷伸手儿——稳拿糖瓜儿”等，就反映了这个民间习俗。另外，天津方言俗谚“灶王爷佛龛——受不了大供享”，所谓“受不了大供享”，表示担待不起的意思。“灶王爷折跟头——离了板儿了”，所谓“离了板儿了”，批评某人言行逆情悖理。

（六）其他

“拜佛进了玉皇阁——找错门儿了”，玉皇阁系道教庙宇，前往拜佛，则找错门儿了。“海光寺的住持——衡（横）宽”，海光寺住持衡宽法师，其名谐音“横宽”，在妇女时兴缠足的时代，天足被视为异类，此俏皮话讥讽女子脚大。“玉皇大帝到财神殿烧香——有权的也得求有钱的”，讥讽“金钱至上”“钱能通神”的社会弊病。“瘸拐李儿的葫芦——不知装的嘛药儿”和“瘸拐李把眼儿挤——你糊弄我，我糊弄你”，反映世间百态。

7. 天津方言与津沽民俗

7.1 “哏儿都”话幽默

从城市历史角度分析，如果说北京最突出的是皇城文化和精英文化，上海最突出的是租界文化和商埠文化，那么，天津最突出的则是码头文化和民俗文化。民俗文化里必然包含着幽默情结。天津方言有一个典型的词儿：“哏儿”，就是幽默诙谐的意思，体现天津人待人接物的一种乐观、豁达的胸怀。无论生活多么艰辛，天津人具有一种善于化解，苦中取乐的意识，不和自己过不去，善于把人生严肃课题游戏化、谐趣化，敢于拿自己找乐。例如走路不小心跌倒了，摔在泥泞里，天津人不往别扭上想，“老头儿钻被窝”，哈哈一笑，哪儿跌倒哪儿爬起来，接着往前赶路那才是正事。天津人不说不笑不热闹，说说笑笑度时光。俗语说的“卫嘴子”，是钦佩天津人能说爱说，善于挖掘语言潜能，口语表达能力强，洋溢着达观聪睿和燕赵豪情。天津方言和民俗文化相伴而生，互为表里，在不断发展的进程中相济互补。

7.1.1 哏儿：能说会侃懂幽默

天津方言语汇主要特点之一，就是幽默诙谐。天津人之所以性情幽默、言语诙谐，与曲艺之乡、相声窝子不无关系。尤其是用天津方言表现的曲艺作品，在天津往往一炮打红，家喻户晓，深入人心。相声大师马三立的“逗你玩”“张二伯”“挠挠”等相声形象及其语言，都进入了千家万户，成为天津人口语中不可或缺的幽默“作料”。

天津人言谈话语里带幽默典故的话语，对于南方人来说，往往不明就里，难以通晓，更谈不到顺畅地沟通了。比如听到天津人津津乐道的“二姨夫”这个称谓，南方朋友说：“二姨夫，就是二姐的丈夫嘛，有什么可笑的？一说到‘二姨夫’，你们天津人就笑得前仰后合的。”其实，“二姨夫甩货”这种说法，来自高英培相声名段《不正之风》。数年前，在滨江道商街，一个卖服装的小店儿打出横幅：“本店今天全部二姨夫！”天津顾客看了就明白，“二姨夫”不就是“甩货”嘛。“二姨夫”这个典故已成了商业广告词。影视作品尤其是相声作品中的典型词语，有许多已进入天津方言语汇中，和天津老百姓的口头语融为一体，深入到天津百姓的心灵里，在社会交往中，只要遇到适当场合和语境，这些极富幽默感和表现力的词语就会左右逢源地脱口而出。

南方人说“吃官司，坐大牢了”，天津人则说“进去了”，省却了宾语。换了一种说法，就简明委婉，减少刺激，人情味和幽默感油然而生。天津话说：“这小子刚出来，又进去了！”这个“进去”“出来”，外地人可能听不懂，还以为是上电梯哪！有一位天津老爷子体弱多病，但两个儿子都不在身边儿，没法照顾老人家。老人说："俩宝贝儿一个在里边儿，一个在外边儿。"外地人听不懂，什么"里边儿""外边儿"的？天津人明白：一个在监狱服刑，一个在国外发展。

抗战时期，日本侵华军驻津部队的番号是"一〇八一部队"。当时，天津人编了个俏皮话"一〇八一部队——人头太次郎"。"一〇八一部队"中的"一〇八一"是"豆"字的笔画拆写。天津人把人头太次（人品低劣的"不够 zòu"）者，戏称为"山药豆子"，简称"山药"或"豆子"。日本人名多用"太郎""次郎"等字样。所谓"人头太次郎"，就是借日本人名形式讽刺那些人品低劣的人。这条天津歇后语在抗战时期流行，从中可见当时天津人拿日寇找乐儿的心态。

"扯"原指漫无边际地闲谈。如"扯淡""闲扯""扯闲天""东拉西扯"等，都是闲谈的意思。"扯谎"是说谎，"扯皮"指无原则地争吵。至于"瞎扯""胡扯"，就是胡说八道，满嘴食火了！但天津人说某人"扯"，并不指东拉西扯闲谈之类。这个"扯"专指女性，指某女性思想开放，其言行超过正常规范。例如说话不含蓄，口无遮拦；办事不拘谨，动作失态等。总之，与众不同，但也并不太讨厌，这就叫"扯"。女孩子长成大姑娘，应文静端庄，循规蹈矩，寡言罕语；但这个姑娘很开放，说话不检点，办事不稳重，直爽麻利，敢说敢做，敢笑敢骂，敢喊敢唱，大家背后称她"小扯子"，虽属贬义，但也带有些许欣赏的意味。这类"小扯子"，如果一个人要单儿，特立独行，也无伤大雅；但三五成群，类聚组合，形成"扯姐姐""扯妹妹"群体，那就热闹啦！再加上“扯丫头”“扯大嫂”和“扯大娘”，那就是一台大戏了！这帮人要是凑到一块儿，书面语叫“言行轻狂无忌”，天津话口语评价就是俩字——疯扯。

天津人“哏儿”，就表现在能说会侃、开朗幽默上。究其成因，大致有四：商埠社会业务交往的客观需要；移民社会沟通人际关系的主观必要；社会多元文化提供了广博而鲜活的题材；戏曲相声等市民文艺的熏陶造就。尤其是马派相声，如逗你玩、张二伯、丁文元等小市民的艺术形象，对天津人幽默性格的发展，起到熏陶和催化作用。

7.1.2 幽默和耍贫的区别

幽默是天津地域文化的一大特色。那么，幽默和耍贫的区别何在呢？第一，幽默是睿智的标志，是热爱生活的体现，是胸襟宽阔的昭示，是心灵求真向善的反射。而耍贫却是贫嘴滑舌，格调低俗，内容猥琐，难登大雅。第二，幽默是智者的通行证，凭借它可以出奇制胜，一笑泯恩仇，四两拨千斤；幽默是弱者的快活林，依赖它可抚慰自身心灵创伤，保持惬意乐观的心境。而耍贫者，因难以窥见生活哲理的实质，境界浅陋，见地皮相，絮叨可厌，令人腻烦。第三，幽默是哈哈镜，在由讽刺激发的朗声大笑之后，人们可以观照自身的种种缺欠，从而反躬自省。真懂幽默者，与人为善，敢于解剖自身，甚至拿自己开玩笑，显示出强者的磊落胸怀。第四，幽默是人际关系的黏合剂，足可驱散陌生，摒弃冷漠，冰释误解，化解纠纷，在会意的笑声中，沟通心灵，道德自省，提升品位。在现实生活中，在普通草根群体内，熟人之间，逗闷子、耍贫嘴、穷沤找乐、疯一把、扯一阵……给枯燥氛围吹来清风，给乏味生活平添乐趣，给呆板人际关系点缀作料。人们在开怀捧腹、解颐欢笑之时，把生活的重负和不平，将人际关系的龃龉和不快，统统弃之爪哇国，抛至九霄外。

7.1.3 “哏儿都”大厦方言造

天津，历来享有“中国戏剧之乡”“北方曲艺之乡”“相声窝子”“歌手摇篮”的美誉，最近几年在民间，又被戴上“哏儿都”之桂冠。

前几年，天津电视台组织了一期专题谈话节目——“幽默天津”。邀请四位嘉宾——津派小说作家林希先生，曲艺理论家、南开大学薛宝琨教授，相声名家马志明先生，民俗语言学家、天津师范大学谭汝为教授，分别从民俗、美学、相声、方言等不同角度分析天津人幽默的成因、特点和实质。在嘉宾和受众互动环节，一位天津大哥即兴发言：“我是公司催欠款的专职外勤。一天早晨，来到南方某地一家欠款公司。多名债主递上名片后在大厅静候。没想到：老板第一个接待我，他说：‘爱听你们天津人说话，你给我讲个笑话，让我一天高兴！’我一听就乐了，给他来段儿马三立的《祖传秘方——挠挠》。结果大喜过望，全部欠款取回！您看，天津幽默还真管事！”

近年来，笔者在新浪博客上以文会友，结交几位天津老乡，确为性情中人兼幽默高手，虽职业不同，年齿有别，风格各异，但皆谈吐诙谐，言语流畅；妙笔生花，修辞精当；都会说相声演小品。每次诗酒聚会，相声快板加小品，欢歌妙语情悠扬，幽默和睿智在这儿会师，灵犀与默契于此邂逅。其情其境，唯地灵人杰之津沽所独有也！

天津人懂幽默，会幽默，推崇幽默；尤在喜剧艺术鉴赏批评领域，天津观众独具只眼，独标高格，褒贬臧否，公正允当。这种幽默的城市性格之生成和发展，可谓：别具一格，得天独厚。天津人凑到一块，就乐呵，就热闹，就倍儿哏儿！幽默生成的手段，主要就是自嘲、现挂、包袱。著名学者李世瑜老先生说："有一次教师学院开联欢会，我请马三立表演一段，他答应了。演的是《俏皮话》，说到'底'时来了个现挂：'大碗里扣着个王八'，'怎讲?''里是鱼。''是王八怎么是鱼呢?''甲鱼呀!'谐音李世瑜。"1992年天津艺术研究所纪念成立十周年开座谈会，我去了，马三立也去了，他在会上又把这个俏皮话重说了一次，逗得大家哄笑不止。

7.2 天津方言与市井百态

冯骥才先生曾指出，城市的文化可分为三个层面。表层文化，是可视的城市形态，包括建筑和街道等；中层文化，是独特的习俗、艺术和方言；而深层的文化，则是这座城市居民的集体性格。我们称之为"城市性格"。天津人的性格异常鲜明，例如爽快炽烈、急公好义、人情浓厚、机智幽默、务实守矩；但又逞强好胜、大大咧咧、故土难迁、小富即安——豪婉兼擅，良莠杂糅。表层而可视的文化，似乎可以再造；但处在深层却无形的文化，却是历史传统的积淀累加，是历史赋予的专利。一座城市一旦生成出这种深层文化，也就形成了城市性格。于是，这座城市就有个性，就显扬灵气，就魅力无穷。一座城市三个层次的文化融合在一起，便形成特有的气息。一代代天津人，就是在这种独特而浓郁的地域文化气息中生活，濡耳染目，熏心润骨，甚至在血液里都带着这种文化因子。这是城市母亲馈赠的民俗基因。在天津人身上，都带着这种文化基因。在平时，人们习焉不察，发现不到它的奇效；但一旦身处异乡他乡，碰到老乡，开口一说天津话，那一股乡情的热流就会蓦然涌上心头。

7.2.1　买卖杂字：社会生活画卷

《天津地理买卖杂字》，是一本用天津方言表述的、颇有趣味性的天津历史小百科。它以“三、三、七”数来宝的句式，广泛描摹民国时期天津市俗生活的方方面面。通过介绍天津老地名和商家商号，生动活泼地展开了社会民俗和生活万象，纯用天津方言，言简意明，通俗易懂，合辙押韵，读来朗朗上口，过目难忘。可谓：津沽历史通俗小百科。“李星北，卞月庭，天津绅士真有名；严范孙，李士珍，天津翰林这二人；华世奎，李学增，天津写家说得清；孟广慧，魏恩锡，天津写家真出奇；张秀岩，宁星谱，先贫后富可说古。”

这里提到的李星北，是天津已故著名书法家李鹤年的父亲，1903年天津商务总会成立起便做会董，曾任天津救济院院长，还被推为天津善堂联合会会长。长期热心地方各种慈善事务。卞月庭名荫昌，1916年天津发生法帝国主义强占老西开事件时，曾以天津商会会长身份筹款十余万元，积极支持津人的反法抗争运动。严范孙是南开学校创始人，西北角有严翰林胡同，那是他的住所，也是最早办学的所在地。李士珍曾任翰林院侍读学士，湖南乡试正考官。孟广慧，天津近代四大书法家之一。张秀岩，也叫张锦文，就是大盐商海张五。他和宁星谱都是由清贫而致富的津门传奇人物。宁星谱，原是河北青县一个两手空空的农民，早年在天津经营出口草帽辫子而发家致富。后受聘为英商新泰兴洋行买办。1903 年，天津商务公所成立，宁星谱受直隶总督委派担任总董。南门外赤龙河上原有一座宁家大桥，炮台庄南开三纬路有宁家大院，水上公园（原青龙潭）东侧（今卫津南路）有宁家房子，陕西路五十三号为宁星谱旧居，围堤道儿童医院的前身是宁家花园，大港区板桥农场原名宁家圈。这些建筑和地名都属于“宁家”，就是宁星谱的产业。

旧时天津赫赫有名的大户人家，在《天津地理买卖杂字》中亦有明确举述：“天津卫，有富家，估衣街上好繁华。财势大，数卞家，东韩西穆也数他。振德黄，益德王，益照临家长源杨。高台阶，华家门，冰窖胡同李善人。”天津旧有八大家之说，而这里却列举了九家，似可看作是对旧时津沽豪门的较早记述。

可贵的是，小册子对不少内容之叙述，全出于平民之视角，其中有一段这样刻记当时穷人的艰辛境遇：“天津卫，东西贵，穷人吃亏活受罪。拉洋车，不赚钱，穷人奔波广为难。打布夹，拾毛褴，穷人挨饿真可怜。拉地扒，扛大个，穷人苦力上河坝。搭小空，拾煤碱，穷人挑担去卖盐；天津卫，房屋贵，越住不起越加倍。争码头，好唾骂，穷人口角广打架。邪僻人，暗算计，奸巧滑坏动心机。刁恶人，心似狼，小人行险最难防。”民国时期的天津读物，像这样集中倾述穷人之艰辛苦难生活的，实为罕见。

7.2.2 天津民俗俏皮话

所谓“民俗俏皮话”，就是反映地域民俗特点的民间歇后语。例如：“老鹤龄——别晃悠了”，旧时出殡，仪仗里有一队鹤龄（骑仙鹤的童子）晃悠地走路。此语讽刺晃晃悠悠不干活的人。“扎堵子带红缨儿——又当儿子，又当孙子”，扎堵子，孝子戴的孝帽子；红缨儿，孙辈在孝帽上缀带的红绒球。又当儿又当孙，讽刺投靠权贵的谗佞之徒。“大殡——绕一圈儿”，旧时大户出殡讲排场，故意绕行以壮声势。“拾毛褴的河边溜达——剟鱼（多余）”，拾毛褴的手持前端装一钢针的短竹竿，用以剟取废纸等。

有些民俗俏皮话，产生的基础是百姓在口头传播的民间故事，故事必然是幽默的人和有趣的事。例如：

“徐聋子宰猪——满没听哼哼”。宜兴埠的徐姓屠户是个聋子，宰猪时听不见猪叫，故泰然自若。用于形容充耳不闻或不听取别人的意见。

“杨瞎话儿讲报——信口开河”。杨瞎话儿，旧时一位三不管说书艺人的外号。他以“讲报”即讲解评论当天报纸时事、敢于大胆针砭时弊而名噪一时。

“白爷做姑爷——你想把我灌死?”北辰区霍庄子的白爷为人憨厚，不善言谈。他娶妻后回四，岳父陪他喝茶，倒上一杯，他一口喝光。岳父以为他渴了，又给他满上，他又一口喝光。就这样，一杯接一杯地喝到第八杯。他实在喝不下了，说了句："你想把我灌死?"引起哄堂大笑。后用于熟识者之间对各种饮品的推让。

"马三立看稻子垛——火烧连营"。火烧连营是《三国演义》故事之一。马三立在"文革"时期，曾被下放郊区农村落户。一次在稻场值班时，曾因抽烟酿成火灾。最后在群众大会上，被罚说一段相声了事。

"梅先生拔烟袋——不得已而为之"。梅先生是天津一位没落文人，因失业而生活困顿。他在书场听评书时，见前座之人腰系烟荷包，插一旱烟袋，露出翡翠嘴儿。他想这个烟袋嘴挺值钱，就动了邪念，伸手去拔烟袋，但被对方发觉。问他为何如此，他面带羞愧说："不得已而为之。"对方知道他的难处，很同情，就帮他找了份工作。"不得已而为之"，用于表达无可奈何之态。

"王奶奶哭孙子——凉了"。王奶奶是接生婆，没儿没女，但很喜欢孩子。街坊四邻的孩子们都叫她奶奶，她也把这些孩子们当成自己的孙子。她还是半个医生，孩子们生病就请她给看看。有位母亲抱着孩子来找她看病，她一摸孩子早已死了，就哭着说："我的孙子呀！凉了。"用以形容事情失败无法挽回。

"王先生打鼓——点儿来了"。天津刘园法鼓的王先生有绝技，别人敲鼓都用两个鼓槌，他却扔掉一只，只用单槌能打出两只鼓槌的鼓点儿。"点儿来了"用于形容开始下雨。

"邢三吊唁——不是人"。西窑洼邢三，为人仪表堂堂，却不务正业。有几身好衣服按季穿上，只为骗吃骗喝。某富户办白事，他上午去吊唁，吹鼓手奏乐迎接，上拜台行礼，登写门簿，然后入席吃“八大碗”。他想这么好的酒席，晚上再来捞一顿。于是下午他又去了，吹鼓手刚要奏乐，他一摆手，想说已行过礼，我不是外人。可他一着急就口吃，说出来的却是“我不是人”。从此留作话柄，天津民间骂某人“不是人”，则以“邢三吊喑”言之。

“周先生过河——躺下了”。私塾教师周振清在大户人家任教，与一婢女相恋，夜间冒雨私奔。欲渡河但深夜无人，只得解缆自渡，但苦于不谙驾舟之术。时风雨大至，深恐落水，乃卧于舟底，听任其漂流，最后辗转登岸。次日天亮，携婢女远遁他乡，不知所终。后天津人嘲笑别人睡下、倒下皆曰“周先生过河”。

7.3 天津方言与地方戏曲

7.3.1 天津：戏剧大码头

京、评、梆是天津最有代表性的剧种，它们虽不源于天津，但其形成与发展都与天津密不可分。天津戏剧爱好者之多，观众鉴赏水平之高在全国闻名，不愧为北方戏剧的大码头！

京剧产生于十九世纪中叶，它是随着清乾隆年间四大徽班进京和道光年间传入的汉调，融入京音，又吸收其他声腔艺术而逐渐形成的。清道光年间，京剧在天津已广为流传。清末，随着南来北往的名角在津献艺，天津艺人吸收其长，逐渐形成自己的表演风格。二十世纪二十年代后，京剧界各派名演员竞相来津献艺，他们都把“过天津关”作为检验自己水平高低的标志。天津在认可并捧红了一批颇有才华的青年京剧演员的同时，也形成了自身实力颇为雄厚的专业京剧演员队伍。在二十世纪五十年代，就有在全国颇有影响的杨宝森、厉慧良、丁至云、张世麟、林玉梅、李荣威等京剧名家。

天津也是河北梆子的重要发祥地。河北梆子，由山陕梆子演变而来，清乾隆年间流入天津。因唱腔带有河北地方语言和秦腔味儿，人们习称“秦腔大戏”。清光绪二十六年（1900）前后，出现了具有天津地方色彩的“卫派梆子”，成为现代河北梆子的正宗。百余年来，天津地区河北梆子人才荟萃，演出活动频繁，影响颇为广泛，在天津戏曲史上占有重要地位。

评剧发展的每一步几乎都与天津密不可分，使其真正成为一个剧种，得到广大群众的认可和喜爱。风格各异的评剧流派唱腔几乎都是在天津形成的，许多评剧演员也是在天津唱红后分赴全国各地的。评剧正是在天津立足之后才迅速向外传播，逐渐成为全国性的剧种。

一座城市的性格是由一方水土养育成的。天津城市形成较晚，但地处燕赵故地，其城市性格的纯朴真情和豪爽侠义之气是与生俱来的。天津自始就是商埠，人们喜欢热闹，注重人气，人际关系亲切，生活味道浓郁；天津又是一座移民城市，平民意识强，不畏权势；天津还是水陆交通枢纽、北方大码头，逞强好胜，讲理讲面，对天下有真本事的能人，敬仰有加。以上就是天津人共有的性格。京剧大师张君秋说：“唱戏的只要闯过天津码头，到哪儿都不怕了。”这是说天津人最懂戏，口味高，而且就高不就低，看戏的标准也最苛刻。电影导演谢晋曾对冯骥才笑道："在天津连我上厕所小便时都有人找我签名。"他还不失大雅地说："我腾不出手来呀。"这话真说出天津人那股子热乎劲儿了。

7.3.2 "有戏"与"没戏"

天津人爱说"有戏"和"没戏"。其实，这是一种前景预测。预言某件事情有希望，可能成功，就是"有戏"；与之相反，没希望，不可能成功，就是"没戏"。

"有戏"和"没戏"这两个词儿，最初是京剧界的梨园行话，指师傅对少年学员艺术发展前景一锤定音的评价。投身京戏表演训练的一群少年，经过较长时间的专业学习锻炼，总有脱颖而出者——那些嗓子好，有悟性，有灵气，一点就通，一学就会，上台有台缘，观众认可，大有前途，师傅就称之"有戏"。与之相反，即便这孩子勤学苦练，家里也不惜倾家荡产；他就是夜以继日地学，也不行。为嘛？升华不上去，不是这块料。到头来也学不成什么，那就别耽误工夫啦！师傅只能摇摇头，俩字评价"没戏!"，叹口气说："孩子，祖师爷没赏你这碗饭吃啊!"卷铺盖走人，该干嘛干嘛去吧。"有戏没戏全在脸，有神无神全在眼"，这条戏曲表演谚语，道出了艺术真谛。

天津是海内驰名的戏曲之乡、曲艺之乡。天津观众懂戏，是行家，加之襟怀宽，海纳百川，且无门户之见。对于崭露头角的艺术苗子，只要玩意儿好，卖力气，有灵性，有人缘，天津观众就毫不吝惜地用热烈掌声捧场。对他们就是俩字评价——"有戏!”言简意赅，且屡试不爽。所以梨园界、曲艺界人士，只有在天津码头打响、唱红，得到认可，那才算是赶考成功，真正踏上艺术表演的道路。

7.3.3 繁荣并盛的天津曲艺

天津曲艺种类繁多，按其演出形式可分为大鼓、相声和杂曲三大类。

大鼓类的主要演出道具是用支架支撑扁鼓和两片半圆形的铜板。演出时左手的拇指和食指与中指操纵铜板，右手持一根击鼓的鼓槌子，边唱边敲，旁有扬琴、三弦、琵琶等乐器伴奏。大鼓就其各地区的演唱风格不同，又有若干种，在天津比较流行的有京韵大鼓、梅花大鼓、西河大鼓、乐亭大鼓和京东大鼓等。

天津是相声的重要策源地，是培养相声名家的摇篮。相声，是一种幽默的语言艺术，讲究说、学、逗、唱。说一段儿，有头有尾；学一段儿，学谁像谁；名角儿逗一段儿，一说一捧；唱一段儿，几可乱真。说相声时，既要“抖包袱”逗哏，又要装傻充愣，惹人发笑。相声，有单口相声、对口相声、群口相声等。相声的表现艺术，分贯口活、子母活、倒口活、柳活、灯谜、说字意、西江月、绕口令等。

太平歌词，原从属于相声。二十世纪二十年代就有艺人在露天明地演唱，是相声演员的基本功，也是相声艺人招揽观众的主要手段之一。其演唱形式为干板数唱，就是演员一边数唱，一边用左手持两块竹板击节。击节处为每小节的板，右手间或以手势辅助演唱。其体裁分为大段和小段两种。大段百句左右；小段一般二三十句。唱词为上下句对应形式，以七字句、十字句为主，通篇为一折。除竹板外，无伴奏乐器。在二十世纪五十年代前比较流行。

评书，是曲艺中最古老的一种艺术形式，亦为一门语言艺术。古时称为“说话”，说书人被称为“说话人”。因“说话人”在讲史和讲小说中，常夹有评议，故又称为“评话”或“评书”。多年来，评书形成许多不同流派，风格各异，二十世纪初，由北京艺人英致长将评书艺术传入天津。他说的《明英烈》大受天津观众欢迎，从此定居天津。陈士和，经过加工处理说的《聊斋志异》，在京津评书界都享有盛誉。还有人称“姜三国”的姜存瑞，以表演《三国演义》最著名。在天津还有两种以评书为名，讲天津地痞流氓、土豪劣绅社会故事的，俗称“混混论”，由评书艺人马畛华专讲《沽上英雄谱》，还有人称“杨瞎话”的，专讲报纸新闻，并常常借题发挥，在民间影响很大。

天津曲种还有西城板，其吐字发音完全是天津话。无论说、唱都富有浓郁的乡土气息。其曲调与北京子弟书艺人石玉昆的“石韵”很相似。唱腔慷慨悲壮激昂，唱法和曲调接近口语，内容比较明显地反映当时人民的生活和感情。在茶楼演唱时，时常座无虚席。

卫子弟书，由北京的子弟书发展而成。清咸丰初年传入天津后被天津的文人、艺人再度创造，形成具有浓郁天津地方特色的曲种。卫子弟书只唱不说，自弹三弦自唱，其唱腔结构为板腔体，因津字津音津腔，旋律多为迂回的下行腔。唱词文雅。但这一曲种在津已逐渐绝迹。

单弦，最初称“八角鼓”，源于北京，盛于津门，迄今已有一百多年历史。曾在清室八旗子弟中演唱。清同治和光绪年间，一些八旗子弟下海从艺。后由随缘乐（原名司瑞轩）改用三弦自弹自唱演出形式，故称单弦。在唱腔中吸收当时民间流行曲牌而成为单弦唱腔曲牌，扩展了音乐的表现力，发展为北方曲艺的一大曲种。

快板书起源于下层人民的顺口溜和数来宝。数来宝多由那时沿街乞讨的乞丐所唱。其词句往往是现编现唱，随机应变。在天津快板演唱中，又分为节奏明快的快板书和具有浓郁乡土气息的天津快板。

7.3.4 方言与曲艺的相辅相成

天津文化有一股蔫劲儿，不显山露水，不求激越决绝，妙在融会贯通。拿并不起眼的煎饼馃子来说——煎饼，原是山东产物，与馃子结合的制法，来源于杭州的“葱包桧”。天津人妙在把二者拿来，进行改造创新。绿豆面煎饼与油炸馃子结合，并极富智慧地加上一枚鸡蛋，其面貌、其味道、其品位立马升华，成为风格独特的饮食名牌。这就是多元包容、海纳百川，显示出善于吸纳，善于综合，善于创新的特点。

再说戏曲，源自秦晋大地的梆子，素以高亢到响震屋瓦、吼到声嘶力竭而著称。但到了二十世纪以银达子为代表的“卫梆子”出现，曲调悠扬婉转、曲目哀婉凄厉，于是就有“卖元宵的敲棒子，卖白菜的劈帮子，老太太爱听卫梆子”的谣谚在民间流传。一个“卫”字，体现了从草台到剧场、从乡野到都市，意识的转变和品位的升华。

评戏更是如此。由“乞儿行乞”之歌的“莲花落”，到小生、小旦、小丑——“三小”的“半班戏”（蹦蹦戏），再到敢与京戏分庭抗礼的“平民之戏”——评戏，天津可以说是它的文化摇篮。当年坤书馆（落子馆）的出现，为不堪屈辱的年轻女子提供了命运的转机。只要歌喉动听就可以卖艺不卖身了。于是，第一代名伶李金顺、刘翠霞、白玉霜等就以她们的水磨新腔，奠定了评戏表现市井生活、饮食男女、小家碧玉的艺术色调。梆子和评戏都没有经历过大起大落而逐渐成熟，奥秘在于由表及里的贯通和由此及彼的融通。

曲艺的“怯大鼓”，演化为京字京韵的京韵大鼓，经刘宝全、白云鹏、白凤鸣等而至骆玉笙，它已成为雅俗共赏、刚柔并济、说唱结合的叙事诗体了。流行于河北省的“西河调”在津门改名为西河大鼓，在延续长篇演义的同时，又有通透流畅、轻松愉快的“马派”西河短段流行，马增芬一段《玲珑塔》和《花唱绕口令》竟使叙事体转变成抒情方式。同样出彩的还有王佩臣的“铁片大鼓”，她的幽默本事和观众关系几乎成了曲坛佳话。有一次她演出后谢场，在接二连三地返场之余，竟以“你们还有完没有?!”的玩笑结束。但天津观众没有嗔怨，反而觉着是一种特别享受。

外地人了解天津话，多源于曲艺作品。天津的城市性格幽默风趣，是培育相声成长发祥的一块沃土，曲艺人才辈出。这种优势，与天津话的氛围是分不开的。到底是天津话滋养了曲艺文化，还是曲艺文化扩大了天津话的影响，两者之间的关系同样密不可分。

“比如说人多动症、坐立不安，天津话说‘奋囚’，‘你奋囚嘛?’用到相声里，大家就觉得新鲜、可乐。还有很多词组，到天津话里都省略一个字，天津人管派出所就叫‘派所儿’，百货公司叫‘百儿公司’……”除了相声，天津话在小品、快板、话剧等文艺形式中也较为常见。近年来，天津话版的电视剧和专场话剧也深受观众喜爱，很多网友通过论坛表示：“想听（电视剧里出现的）原汁原味的天津话。”

7.3.5　天津时调·天津快板

在全国的方言体系中，天津方言孕育了相声、快板、时调等人民大众喜闻乐见的曲艺形式，因而天津方言在中国民俗文艺中占有十分重要的一席之地。纯用天津方言表演的曲艺形式是天津时调和天津快板。

天津时调是天津曲艺中最有代表性的曲种之一，它产生于清末民初。由靠山调、鸳鸯调、胶皮调等民间小调组成。所谓靠山调，原系修鞋匠人休息时，背靠山墙自娱自乐的小调；鸳鸯调是情歌；胶皮调则是人力车夫等座时哼唱的小调。天津时调最初主要流行于天津底层市民聚集的南市、河东地道外、红桥区鸟市、和平区等处的曲艺演出场所。

二十世纪三四十年代，天津时调逐渐衰落。1949 年后，王毓宝等人对“靠山调”等进行成功改革，使之成为主要的演唱曲调，并创作出许多精品节目。天津时调用大三弦、四胡、节子板伴奏，用天津方言的字音演唱。内容通俗易懂，曲调丰富，腔调高亢，韵味醇厚，具有浓郁的天津乡土气息，适合天津人的口味。经加工改造和创新，使之成为反映时代风貌、社会生活，并深受人们喜爱的一个曲种。2006 年 5 月 20 日经国务院批准，天津时调列入第一批国家级非物质文化遗产名录。

天津快板是二十世纪五十年代出现的一个新曲种，由天津时调中的曲调“大数子”发展改进而成的。完全以天津方言来表演，在形式上采用数来宝的数唱方式及快板书的节奏板眼，用三弦伴奏，风格粗犷爽朗、明快幽默，有浓厚的生活气息和地方风味，深受人们的喜爱。

2001 年春晚，郭冬临和冯巩说的天津快板《狗不理包子》：“竹板这么一打，哎，别的咱不夸。我夸一夸，这个传统美食狗不理包子。这个狗不理包子，它究竟好在哪？它是薄皮儿、大馅儿、十八个褶，就像一朵花。这是形容包子，你可不能乱用呀。说这个姑娘长的美，就像一朵花，你可千万不能说这个姑娘长得像包子！”

7.3.6 戏曲歇后语

活跃在天津人口语中的戏曲俏皮话很多，例如：“唱戏的腿抽筋——下不来台”“唱戏摇鞭子——走人”“唱戏的吹胡子——假生气”“教把式的学说相声——练胳膊练腿儿不如练嘴儿”“戏台上的胡子——活的”“戏台底下相媳妇——一头儿乐意”“戏台底下掉泪——替古人担忧”“戏班里的水裤——谁穿都行”“戏园子手巾把儿——飞来飞去”旧时戏园，有为观众提供热手巾把擦脸的业务，楼上楼下茶房可将手巾把准确互掷，竟成观剧一景。

众所周知，天津是戏剧大码头，天津人爱戏，懂戏，于是一些和戏剧及名演员有关的歇后语就应运而生了。比如："费德恭的打手——歪嘴斜眼"，费德恭是京剧《八蜡庙》中的一个恶霸，他手下恶奴也多其貌不扬。此歇后语形容某人相貌难看。"贺仁杰的锤——短链（练）"，贺仁杰，章回小说《施公案》中的人物，善使短链锤，"短链"谐音"短练"，指缺乏锻炼。"魏虎作揖——再来他一家伙"，魏虎是《红鬃烈马》一剧中的反面人物，他暗害薛平贵，诡称平贵已死，不料平贵又回到长安，众目之下，魏虎只好给人家赔礼，赔礼前魏虎有一句台词："待我来他一家伙。"跟着说几句好话，可是平贵不予理睬，魏虎自言："想是行路之人有些耳沉了，待我再来他一家伙。"魏虎二次行礼。此歇后语往往指做一件事没办成，再做一次。"黄天霸的心机——短刀药酒"，黄天霸本绿林中人，后投靠清廷，在施世纶手下任职。恶虎村庄主濮天雕、武天虬和黄乃结义弟兄，却和朝廷作对，拿获了施公，天霸入庄救施，同僚等嘱天霸，救出施公即可，不可置濮、武于死地，天霸佯允，最后竟将结义兄嫂四人全部杀死，且焚烧了庄院。事毕又大哭兄嫂，同僚乃言，猫哭耗子假慈悲。此歇后语多指某人做事待人心狠手辣。"黄天霸的帽子——戴歪缨儿的"，缨儿，红色绒球。天津丧俗，亡人孙辈在孝帽子正中缀红缨儿一枚，曾孙辈缀红缨儿两枚，玄孙以下则缀于帽侧，就是所谓的"歪缨儿"，表示辈分很低。戏曲舞台上的黄天霸头戴花罗帽，其帽子整体缀满绒球，并于帽侧贴近左耳处缀一大个的绒球，故谑称为"歪缨儿"。"戴歪缨儿的"原指辈分很低，后引申为差得很远，没有可比性。

还有从名演员派生的一些歇后语，如："杨小楼出巡（或逛街）——闪开了"，杨小楼号称国剧宗师，名震菊坛。他享大名始于天津。当年他在天津的声誉，他人难及。他常演《艳阳楼》一剧。剧中杨小楼饰演高俅之子花花太岁高登。高登外出时，众恶奴头前带路，为显其霸气，高登有一句喝令众人避让的台词："闪开了！"小楼道来声如裂帛，十分动听，许多人都学这三个字，几近形成满城争说"闪开了"的情景，于是产生了这句歇后语。特别是性格好说好笑的洋车夫和饭馆堂倌，在劳作中经常把这"闪开了"挂在嘴边。"刘翠霞跺脚——罢了"，刘翠霞，当年评剧名家，和白玉霜为一时瑜亮。她嗓音高亢悦耳，最受天津观众欢迎。"罢了"二字多是评剧起唱所用，如"罢了！娘的儿啊……"后面定有一段脍炙人口的大唱段。此歇后语多在感叹时所用。

当年流行人们口中的这些语言，随着时间的推移，多数已被淘汰。语言使用的消长是正常现象，近些年，新词新语不断涌现，但经过实践的淘洗，若干年后是否留存，存留多少，恐怕是很难预料的。

7.4 天津方言与津味相声

7.4.1 相声窝子天津卫

相声虽兴起于北京，但作为码头城市的天津，却是培育相声成长发展的一块沃土。许多著名的相声演员都是在天津演出多年，成名之后才走向全国的，如马三立、侯宝林、张寿臣等大师级的艺术家，莫不如此。天津相声界能人辈出与天津地域文化，特别是天津方言的滋润是分不开的。天津方言简短迅捷，嘎嘣脆，外人听来有一种天生的幽默效果。

天津文化是市民文化、通俗文化，属于津派。不同于属于京派的皇城文化、精英文化和属于海派的商业文化。天津曲艺是植根于下层社会、具有鲜明市民色彩的民间艺术，天津之所以成为北方曲艺的大码头，这与天津码头文化和商埠文化的影响密切关联。

天津相声以讽刺见长，火暴热烈，富于幽默感，说逗俱佳。如：张寿臣的《哏政部》、小蘑菇的《牙粉袋》、马三立的《买猴》等作品，讽刺意味浓厚。天津的文哏相声也有着悠久的历史传统。如传统相声《文章会》，就有张寿臣、马三立、苏文茂的不同演出脚本，而且他们演出的风格也不尽相同。

天津相声队伍中，曾经涌现出许多优秀的演员，如张寿臣、马三立、常宝堃、赵佩茹、郭荣起、常宝霆、白全福、苏文茂、刘文亨、高英培、魏文亮、田立禾、李伯祥、马志明等。相声作家，如何迟、王鸣录等。同时，还有相声理论家，如薛宝琨、倪钟之等。天津虽不是相声的故乡，但天津人喜欢相声，天津是培育相声成长发展的一块沃土。二十世纪七十年代后，天津许多青年优秀相声演员先后到北京，成为了全国知名的相声明星，如冯巩、刘伟、牛群、杨议、刘亚津、戴志诚、郑健、郭德纲等。

天津重传统、求大俗、多元而包容的地域文化，滋润了相声艺术的茁壮成长。多年来，天津相声艺苑传统与创新并举，创作与评论对接，新人与佳作辉映。津派相声涌现出许多优秀的表演艺术家、人才济济的相声创作队伍、天津相声理论家、评论家。其艺术特征为：讽刺与自嘲融合；以文哏、贯口见长；俚俗与豁达并举；着眼于塑造人物形象。

为什么天津相声能产生这么多大师级人物和优秀演员？这与天津方言文化密不可分。天津人喜欢相声，鉴赏相声，他们懂相声，爱相声，相声已成为天津人生活中不可或缺的重要内容。多年来，天津相声占尽了天时地利人和，氛围浓郁，名家荟萃，佳作涌现，人才辈出，风格纷呈，全面繁荣。

7.4.2 方言与相声的相济互补

天津方言是我国语言文化花园中的一朵奇葩，具有顽强生命力和竞争力。天津话生动形象、含蓄质朴、感情深厚、贴近生活，成为天津人民生产和生活中的有力工具。天津方言在构筑天津文化氛围和文化环境中成为不可缺少的因素。天津方言和天津相声，正以较高的文化品位，伴随着天津这座历史文化名城的崛起而不断进步和升华。

天津方言词“折理”，其中的“折”读三声，“理”读轻声。“折理”多指女性：“这姑奶奶可不好伺候，整天别别扭扭，腻腻歪歪，刺儿了嘎叽，气人有笑人无，香东家臭西家的，让人头疼！您问：上哪儿找这折理大姐去？高英培相声《不正之风》里，万能胶的那个邻居闺女‘折理’，不就是现成的人选嘛!”

“二子他爸钓鱼——赶这一拨了”（高英培相声《钓鱼》）。熟人相见的寒暄问好：“介不是张三爷吗？爷爷爷爷。”（刘文亨相声《天津评书》）幽默搞笑的怒气争吵：“你轧我脚了！应当轧你嘴！”（马志明相声《纠纷》）高英培的：“二斤高高的，掌柜的还饶两条呢！”“儿子抢军帽老子戴，合适吗？”“就是紧点儿。”马志明的：“天拖保全”；“咱盟兄弟了！”魏文亮的：“咱现在不是和罗马尼亚友好吗，买一块罗马表，表示表示嘛！”“后来一扫听，敢情两码事儿。”这些段子的名言，天津观众耳熟能详，可以说是：家喻户晓，妇孺皆知。

7.4.3 马三立与天津方言

天津俏皮话“马三立拜听众为师——会说的不如会听的”。相声大师马三立，1914 年生于北京，三岁时随父亲由北京迁居天津，一住就是八十多年。

马三立十六岁正式“下海”说相声。在那个时期的艺人，说的都是传统相声，而且上行下效不能走样，用天津方言表演相声在当时是难以想象的。1947 年，马三立和侯一尘先生搭档在小梨园演出《高跷会》，这是他早年创作演出的以天津方言为主体的相声。这段《高跷会》给大家换了口味，不落俗套的内容，独出心裁的表演风格，语言、表情、形体完美结合，使观众耳目一新，场面极为火暴。1949 年后，马三立创作、改编、演出了一大批贴近天津民俗民风的新相声，其中用天津方言表演的相声有《就是灵》《砸钉子》《偏方》《燕语莺声》《拔牙》《钓鱼》等。

1963 年春节前，马三立和赵佩茹先生合说了相声《迎春曲》。表演中马三立俨然以音乐学院教授自居，可练声时却在咿啊之后突然喊一嗓子“破烂的卖”。接着又说自己是女高音歌唱家，要在新春佳节之际为大家献上一首迎春曲。等吊足了观众胃口，便以他那特有的嗓音，郑重其事地唱出："有打的灯笼都出来呀，没有打的灯笼抱小孩儿呀。金鱼拐子大花篮儿呀，一大一个灯呀，俩大一……"一段《迎春曲》成了观众在整个春节期间谈笑热议的话题。

1978 年马三立重现舞台，他创新改编的新相声中，以天津方言为主体的新段子接连诞生了，如：《追》《找糖块》《汽车喇叭声》《秘方》《老头醉酒》《美容医院》《小学面试》《大会见闻》《练气功》《逗你玩》等。马路上俩人一前一后奋力追逐，是为了"调完级不请客"；老大爷在电影院里摸黑找糖块是因为糖块上粘着假牙；做双眼皮美容手术反成了"肚脐眼儿"；专治皮肤瘙痒的祖传秘方竟然是俩字儿"挠挠"……天津话、天津事儿加上表演，像一块巨大的吸铁石把天津观众牢牢地吸住了。听了乐，想起来还乐，人们用相声中的"经典语言""你这半拉多好，没核儿""挠挠""崴啦崴啦崴啦""逗你玩"等互相调侃，使这些话语广为流传。这一切都说明观众喜欢这样的相声，需要这样的作品。马三立巧妙地使用方言，才取得这样良好的效果。可见对于津派相声的发展，天津方言功不可没。

相声也能塑造人物。不管是马大哈、丁文元，还是二他妈妈、万能胶，生活中确实有这种人，他们在观众心目中立起个儿来，得到了普遍认同，这样的作品才能流传下来。马三立塑造的马大善人（《开粥厂》）、马大哈（《买猴》）、马大学问（《西江月》《对春联》）、马喜藻（《卖挂票》）、空想家"老张"（《今儿晚上十点钟》）、本家二大爷（《偏方》）、张二伯（《练气功》）等形象，在广大观众心目中，鲜活逼真，栩栩欲活，有声有色，毫发毕现。

马志明的相声，给人印象最深、最有观众缘的是《纠纷》。天津人在马路上遇到过两人因鸡毛蒜皮而揪把起来，围观者越聚越多，影响了交通。一位大爷看不下去，厉声喝道："你就是那个丁文元，这点事儿值当的吗？快散了吧！"丁文元已成为一种艺术典型！

《纠纷》是马志明的成名和代表作，显示了他比前辈更具理性的深刻思辨和更富人生意味的洞察力。其成功之处在于艺术手段的炉火纯青：娓娓道来的白描；冷隽而客观的评叙；一波三折的情节安排。喜剧人物王德成和丁文元的形象呼之欲出，如在目前。

方言是语言的地方变体。天津方言通俗简练，幽默含蓄，其"哏儿"在于富有生活哲理。马三立把用天津方言表演，视为对天津人民多年来养育自己的一种回报。马三立在长期的职业实践中对方言的理解和应用体会也很深。他说用天津话给天津观众说相声观众感到亲切，自己也觉得离观众更近了。马三立爱天津这方热土，更爱天津人民，他毕生致力于把欢笑送到千家万户。天津人民喜欢他、欣赏他、热爱他、尊重他、怀念他。马三立已成为代表天津民俗文化的典型代表人物。

7.5 天津方言歌谣

7.5.1 天津歌谣题材多

天津歌谣在数百年来产生了数千首，大体可分为：劳动歌（含工人歌、盐歌、渔歌、田歌、号子）、斗争歌（含二次鸦片战争时期、义和团时期）、时政歌谣、仪式歌（含时令歌、节俗歌、婚嫁歌、丧歌、寿歌、盖房、上梁歌、出会歌）、情歌、生活歌谣（含日常生活歌、怨歌、景物歌、养生歌）、劝诫歌、儿歌（含娱儿歌、游戏歌、启蒙歌、事象歌）、谐趣歌（含童趣歌、谐趣歌）、历史传说歌、风物歌（含天津论、杨柳青谣、市井谣）十一大类。其中，盐歌、谐趣歌、风物歌等都是天津独有的类别，是在其他城市和地区见不到的民间文学样式，具备特殊的文本形态、思想内涵和艺术魅力，含有重要的审美价值。

在劳动歌中，最能体现天津地域特色、文化特色的是盐歌。天津的盐文化影响深远，所产长芦盐质好量大，曾供应北方，范围及半个中国，现搜集到的几十首盐歌，有明代的《悯盐丁》、清代的《十等灶户歌》等老歌谣，生活气息浓郁感人。

1900 年庚子事变，天津是义和团反抗八国联军的最重要的城市。一直流传的一批义和团歌谣，如“男练义和拳，女练红灯照。砍了电线杆，扒了火车道。烧了鬼子楼，灭了鬼子教。杀了洋鬼子，再跟大清闹。”朗朗上口，反映出底层人民敢于反抗侵略者的斗争精神。也有反映城市动态的，如：“四条马路架电线，白牌电车围城转，红牌蓝牌到老站，黄牌花牌去海关，绿牌电车西开教堂转一转。”还有：“电车公司西南角，投资建厂比国佬。按班发车喊编号，铃铛一响出来了。两条轨道一根线，两间小屋满街跑。二分三分一张票，小铜喇叭叫声高。”生动地记录下当时津沽大地出现有轨电车这一新生事物带给市民的深远影响。还有：“天津卫，新三宗宝：磨剪子磨刀吹洋号，三轮车的蹬子往后倒，万国桥能起又能落（读‘涝’音）。”万国桥即现在的解放桥，法国人修建，能够升降开启，为的是方便过船。连走街串巷磨剪子的普通手艺人都赶时髦，使用上了从西洋进口的乐器来招揽生意，从中窥视到西风东进后所产生的社会变化。①

7.5.2 歌谣诠释民俗风

天津人生性风趣，幽默，爽朗，爱逗哏、要笑，不管谋生多么艰辛，总能在人与人的交往中找出乐子，给平凡的生活增添亮色。其中风物歌中又可细分为天津论、杨柳青谣、市井谣。读者会对天津不同时期的城乡概貌、历史沿革、风土人情、人文景观、市井民俗等有一个形象、全面、立体的了解。如天津论，描述乾隆年间津沽的五行八作、各色人等，歌谣中有情节和细节，宛若评书。《天津地理买卖杂字》诞生于清末民初，讲说天津街巷地名、行路指南、买卖商家、名人趣事、休闲娱乐、土特产品

① 中国民间文学集成全国编辑委员会编：《中国歌谣集成·天津卷》，北京：中国ISBN中心，2008年。

等："直隶省，天津卫，都督衙门保卫队。官钱局，商务会，交通银行现洋兑……"有描述，有点评，"三、三、七"的句式，几百行的篇幅，几乎是一气呵成，极具艺术魅力。

还有《天津卫风情》《皇会论》等，这些歌谣类似诠释天津的"小百科全书"。有关杨柳青年画的歌谣，除了那首流传很广的《画扇面》外，数百行的画诀歌谣非常珍贵，思想价值和艺术价值都很高。

其他像《刘二姐拴娃娃》《天津卫饮食歌谣》，以及多首描述混混儿（即天津卫的地痞）的歌谣等，都很鲜明地讲述了天津地区的历史景况和民风民俗。由于天津是移民城市，八方汇聚，对外开放，在天津流行的民间歌谣中，有一些是从外省市流入的，但却经过了变体变格和"化用"。①

7.5.3 儿歌童谣情趣浓

旧时天津儿童有相互看指纹的风俗，将指纹分为"斗（dǒu）"和"簸箕（bòqi）"两类，以斗的多少来预测人的穷富和从事的职业。天津谣谚说："一斗穷，二斗富，三斗四斗开当铺，五斗做贼，六斗说媒，七斗端簸箕，八斗丧妻，九斗坐着吃，十斗全是福。"旧时家中婴儿夜间啼哭不停，家人就在门外街上贴一纸条，上写："天皇皇，地皇皇，我家有个夜哭郎，行路君子念三遍，一觉睡到大天光。"

---

① 中国民间文学集成全国编辑委员会编：《中国歌谣集成·天津卷》，北京：中国 ISBN 中心，2008 年。

童谣和儿歌常把我们带回温馨的童年。《小板凳儿》：“小板凳儿，四条腿儿，我给奶奶嗑瓜子儿。奶奶说我嗑得香，我给奶奶熬鸡汤。奶奶说我没搁油，我给奶奶磕个头。奶奶嫌我嗑得慢，我给奶奶煮鸡蛋。”《小小子儿》：“小小子儿，坐门墩儿，哭着叫着要媳妇儿。要媳妇儿干嘛？做鞋做袜，点灯说话儿。吹灯做伴儿，明早给我梳小辫儿。”《一二三四五》：“一二三四五，上山打老虎。老虎没看见，单打王八蛋。老虎没打着，单打后脑勺儿。老虎不吃人，专吃杜鲁门。”

正月十五灯节前后，天津的孩子们在晚上点上灯笼群聚嬉戏。一路唱道：“有打灯笼的都出来，没打灯笼的添油钱，一子儿一个灯，俩子儿一个灯，仨子儿买个金鱼灯。”“有打灯笼的都出来哟，没打灯笼的抱小孩儿哟，金鱼拐子大花篮哟！”“打灯笼，烤手喽，你不出来我走喽！”

旧时天津儿童游戏都是伴随着天津方言儿歌、童谣进行的，如《丢手绢儿》：“丢，丢，丢手绢，轻轻地丢在小朋友的后面，大家不要告诉他。不要，不要，告诉他，不要告诉他。”《拍手歌》：“你拍一，我拍一，一个小孩儿坐飞机；你拍二，我拍二，两个小孩儿洗手绢；你拍三，我拍三，三个小孩儿吃饼干；你拍四，我拍四，四个小孩儿写大字……”《点牛眼》：“点、点、点牛眼，牛眼花，七个碟子八个瓜，不是别人就是他。”《骑红马过红桥》：“骑红马，过红桥，问问大官儿小官儿饶不饶？不饶我还凿，锤三锤，挠三挠。”《招兵令》：“是我的兵跟我走，不是我的兵，拿屁嘣，一嘣嘣到娘娘宫……”《编花篮》是女孩子们爱玩儿的游戏。四个女孩将各自一条腿互相编搭在一起，边跳边唱，

“编，编，编花篮，花篮里面有小孩儿，小孩儿的名字叫花篮，蹲下起不来，坐下起不来……”随歌词内容时蹲时站，单腿跳跃，直到跳散了架，再重新编。《跳猴皮筋儿》的歌谣具有很强的时代感。如二十世纪五十年代以后多唱：“猴皮筋儿我会跳，三反五反我知道，反贪污，反浪费，官僚主义也反对!”六七十年代则多唱：“学习英雄好榜样，刘胡兰姐姐不能忘，过去是个苦孩子，现在是个女英雄，毛主席提出八个大字，生的伟大，死的光荣。”

7.5.4 天津谣谚韵律美

民谣的音乐美，集中体现在节奏和韵律的安排上，主要指押韵。押韵就是选择同韵的字，把它们有规则地安排到诗行中，使同韵成分在诗作中重复出现，从而强化诗歌的节奏，构成同韵相应、回环流畅的韵律美。所谓押韵，就是把韵安放在句末的音节上；处在句末而又押韵的字就是“韵脚”。安排和谐的韵脚，既增强了诗歌回环的韵味，也突出了抑扬的节奏。

在清末民初军阀混战时期，天津流行一首歌谣，涉及多位历史人物的人名：“兵队马队洋枪队，张勋要打段祺瑞。段祺瑞没有子儿，一心要打吴小鬼儿。吴小鬼儿没有枪，一心要打张宗昌。张宗昌没有人，一心要打张作霖。张作霖他不干，坐着飞机扔炸弹。”这首歌谣的内容不一定与史实相符合，但反映出军阀混战时期军事方面的混乱情况。但在形式上追求口语化的语言，在修辞上使用顶真，而且合辙押韵。

旧时天津东郊民谣：“腥气哄哄于（鱼）庄子，脏脏呵呵朱

（猪）庄子，哩哩啦啦荒草坨子。”荒草坨村分南坨和北坨，两坨相距一公里，其间这里住着三户，那里住着两户，故谓哩哩啦啦。

在抗日战争时，天津流传一时的《为汉奸画像》：“一副奴才相，两手往下垂，三角眼闪亮，四棱脸堆媚，五官不端正，六神透阴气，七寸长脖子，八两小脑袋，九根黄胡子，十分不像人。”刻画出汉奸的典型形象。

春节的节日氛围的烘托也依靠歌谣的助力，如：“糖瓜祭灶，新年来到；姑娘要花，小子要炮；老头儿要顶新毡帽，老太太要件新棉袄。”“二十三糖瓜粘，二十四扫房子；二十五糊窗户，二十六炖大肉；二十七宰公鸡，二十八白面发；二十九贴倒宥，三十晚上坐一宿；大年初一扭一扭。”

民谣民谚是群众在实践中的口头创作，短小精悍，言简意赅，其中内容多为心声和经验，有极为广泛的社会基础和传承能力。天津人心口相传创作了许多谣谚，至今在社会上广泛流传。天津谣谚似乎更讲究押韵，追求韵律。

8. 天津方言的来源及寻根调查

8.1 天津方言的来源

8.1.1 天津是一座典型的移民城市

明代实行军屯制度，外地大量移民以军事组织的形式来到天津一带屯垦官田，从而出现了许多冠以姓氏的“官屯”地名。据说“燕王扫北”时，安徽宿州一带有大批军士携带家眷来到天津。

曹树基《中国移民史》论述：“为了加强国家的武装力量，朱元璋创设了卫所制度。卫所遍布全国各地，大抵5600人为一卫，1120人为一千户所，军士皆别立户籍，叫做军户。军户世袭，卫所军人的家属必须随军，……军人家属实际上也和军人一道成为移民，卫所所在地一般也就是他们的居住地。明朝前期，本籍军户一般不在本地卫所从军，北方卫所的军人来自南方，南方卫所的军人来自北方，这样就造成军籍移民的超长距离，构成明代移民历史的独特篇章。”“由于永乐时期政治中心的北移，北京城和顺天府竟成为移民的重点。军籍移民的数量大大超过民籍移民。……首都的北迁，使得南京城成为此次移民的一大输出地。”

这说明：明初军户制规定异地从军，北方卫所的军人须来自南方，而且家属必须随军；由此形成中国历史上空前规模的军屯移民。明朝永乐年间（1403—1424）因迁都则由南京（南直隶，辖今江苏、安徽）移至北京、顺天府。可见，明代永乐年间由南向北的大移民是毋庸置疑的。

另外，天津是南北漕运的中心，是中国北方贸易转运、商贾聚集、五方杂处的重镇。明清两代，许多苏皖地区以及晋冀鲁豫地区的移民，或屯垦，或漕运，或逃荒，或经商，陆续迁至天津；随后盐业、金融、实业、商业，乃至政界、军界、文化界，各色人物都在天津安家落户。这些因素对天津方言的形成自然产生了种种影响。

8.1.2 天津方言岛

天津方言属于北方方言区内的一个分支。天津方言区基本就是以老城厢为中心的天津市中心区。它的东、南、西三面被静海方言片包围着，北部则是武清方言片，这就形成了一个方言岛。

所谓方言岛，是语言学术语，由于历史上大规模移民，使外来的方言势力占据了原来某方言区，形成被原方言区包围着的独立的方言孤岛。所谓天津方言（或天津话）就是指市内六个区和西青区、东丽区、津南区部分土著居民所使用的方言。天津方言岛，呈倒了个的等腰三角形，其底边距旧城北约一公里，尖端距旧城南约二十二公里。几百年来，天津方言仅能“占领”2.25平方公里的旧城和十几座村镇，且始终陷入其他方言的重围之中。

从中国各方言区形成的历史状况分析，一个较大的方言岛得以形成，有三个必要条件：首先是大规模的长途集体迁徙，其次是迁徙的群体到达目的地之后聚居不散，再次是这个外来的社团在当地的政治、经济、文化等方面处于强势地位。三个条件缺一不可。

那么，天津方言岛是怎样形成的呢？在天津流传着“燕王扫北”的历史传说，折射出某些端倪。明代朱元璋封四子朱棣为燕王，让他带领安徽籍的大部队开拔到北京、天津一带屯垦戍边。朱元璋死后，朱棣起兵夺取帝位，迁都北京。为天津赐名，设立了天津卫。史书记载：“明初有戍天津者，因家焉”① “天津近东海，故荒石芦荻处。永乐初始辟而居之，杂以闽、广、吴、楚、齐、梁之民”②。明初天津人口主要构成是军事移民，实行军事建制，随军家眷聚居，“家庭承袭，邻里相望”，形成相对牢固的“语音社区”。

这些史料表明：明朝初期天津卫人口结构发生了根本性变化。从军或经商的安徽、江苏人成了天津卫人口的重要组成部分。再加上这些人的政治地位和经济地位比较高。尤其是举家迁徙、军队建制、官屯群居的军人和家眷，可保持所持方言乡音不

---

① 《天津县新志·汪来传》。

② 《天津卫志·毛恺德政碑》。

受外界影响。于是，具有低平调的皖北方言就成了天津卫的通用语。

天津设卫之后成为北方军事重镇。修筑城池供部队镇守，须要为戍边屯垦将士提供粮秣军需，这就刺激了天津地方经济的发展。农业、盐业、商业、建筑业、手工业，饮食业、运输业，都吸引着大量移民的涌入。天津卫设立之后的移民，首先来自周边地区，但因天津卫是军机要地，这些移民难以进入卫城（老城厢）居住。而本地土著的原居民因缺乏军中关系，或因不会说天津卫官话，也难以进入卫城。随着屯垦军人为主体以及周边定居移民的快速增加，在天津旧城的东、南、西三个方向开垦了大片沼泽荒地，含现今的东丽、西青和津南的部分区域——这就是包括旧城在内的“天津方言岛”的大致范围。“天津方言岛”虽被静海方言和武清方言包围，但六百年来乡音基本不变，一方面是天津卫的军人群体处于强势地位，另一方面也是天津的政治经济地位不断提升的结果。

明代洪武三年，朱元璋封朱棣为燕王，让他带领大批老弱残兵到北京、天津一带戍边。据说，当时募兵的标准是“弱冠不挑，而立不去，天命之年随军去”。就是说，随燕王扫北的部队，多为从安徽固镇、凤阳一带招募的四五十岁的老兵。这些士兵是带着家属开赴北方的。在燕王扫北前后，苏皖地区也不断有移民迁徙到天津地区定居，这是天津方言岛形成的另一个动因。而从河北、山西或山东等周边地区陆续迁移到天津的移民，无论操何种方言，由于是零星迁移，且散居各地，三五十年后，其后代乡音必然受当地强势方言的影响，乃至被同化。

8.1.3 军旅文化对天津方言的形成起了奠基作用

“卫”是明代的一种军事编制，每卫定编五千六百人，由此可知：天津三卫约有驻军一万六千八百人。由于明代实行军户制，《明史·志第五十三·食货一》：“凡户三等：曰民，曰军，曰匠。”军人家属必须随军，以每户平均五口人估算，当时天津三卫军人及家属的总人数约八万四千人。

《中国明代档案总汇》记载了明代二百多年间天津右卫百户以上军官的籍贯情况。由于明代天津卫军官的世袭制延续到清代，而且军官所带士兵及随军家属基本都是同乡，所以从“军官籍”可以推知“士兵籍”“家属籍”的比例。因此，推测明代天津三卫至清代天津卫的这一移民群体中，近一半人是来自明代的安徽和江苏。

至今，天津老城区的方言与周边静海、霸县、宝坻、武清等地方言区别明显，不难想象，当初作为天津城开拓者的八万军籍移民，他们的语言在这里所产生的根本性影响。天津三卫军士近一半来自安徽和江苏，明代南京官话（今苏皖官话的底层）应是这个移民大群体的主流语言，其他籍贯的官兵及家属的语言首先在随从主流（苏皖官话）的大趋势下，也将自己家乡话的特点融入其中。同时，直沽本地的方音也会时时浸入加以融合。所以，天津卫城内最初的通用语当以当时的南京官话为主，但也不排除其中融入其他一些方音成分。但由于整个明朝时期天津军事建制的性质不变，人口结构和数量的变化也不大，即使有一些非军籍居民陆续迁入，但由于数量少且零星散居，不会影响天津话的大局；加之明朝统治者来自南京，当时的南京官话自然拥有强势和优势。

8.1.4 天津方言在发展过程中也受周边方言的影响

在明代二百多年间，一方面天津话的“南京音”的色彩总体保持；另一方面，在与周边的冀鲁官话和北京话的语言接触中也不同程度受其影响，使天津话在语音、词汇、语法各方面也发生某些变化。

天津话在词汇、语法方面更多地趋同于冀鲁官话、北京官话的特点。但就知庄章声母读音的百年变化过程看，清末天津话的“南京型”无疑反映了早期来源；再就两字成词变调的连调式看，天津话兼有南、北官话的特点又有独自创新，这既说明天津话与江淮官话的渊源关系，也说明周边官话对天津话的浸染渗透，并显示了其独特性。

明代天津三卫军官的籍贯地近一半属南京（南直隶），由“军官籍”可推知“士兵籍”“家属籍”，因此，作为天津城的开拓者、人数超过八万之多的这个庞大军队移民群体，他们的主流语言无疑是南京官话，此即天津话的源头。

天津从明朝永乐二年（1404）建城到清代雍正三年（1725）一直是“天津卫”军事建制，人口以军人为主体，这种持续长达三百二十年的军城历史，对于天津话保持其底层来源色彩并形成鲜明个性起到了至关重要的作用。自 1725 年天津改“卫”制为县、州、府，经济发展加快，外来移民增多，周边北京官话、冀鲁官话对天津话的影响加大加深，可以说，从清代中后期至今是天津话趋向于周边官话方言的流变发展时期。

天津是个开放的移民城市，自明初建城发展为港口大都市，人口从几万到如今超千万，天津方言亦容纳百川，许多语言成分已与周边官话方言水乳交融。可是，尽管经过六百年“改头换面”的流变，天津话仍然听起来与周边方言“迥异”。究其原因，一方面是语言接触变异所致；另一方面，不能不考虑到天津经历过长达三百二十年（1404—1725）以军人为核心的军事卫制，这在我国大都市中绝无仅有，天津话的“另类”也许是这座特殊历史城市百姓个性心态的一种彰显，即语言态度对于语言个性的决定性作用。

8.1.5　天津方言的发展变化

几百年来，尤其是近六十年来，天津方言发生了很大的变化，明显地体现出向普通话靠拢的趋势：第一，京津两地特殊地理位置，形成政治、经济、文化、交通、旅游等方面的密切联系，使两大都市方言之间相互影响。第二，现代国语运动和当代普通话的推广普及，使纯然操天津方言者数量剧减，为数众多的天津青少年已不会说或说不好天津方言。第三，二十世纪八十年代以来，天津城市建设急速而不断向外拓展，老城区和为数不少的市区区片大规模地城建改造，使大量的老居民举家外迁，使天津方言岛的界限逐渐模糊。

所谓地道的天津话，只存在于老人的口语中。现在的天津话在演进的过程中，正在向普通话靠拢。受城市建设发展的影响，许多地域概念也已经截然不同。“现在老城里的居民已经不是原来的老住户了，很多天津话都在慢慢流失。”

2010年至2011年，天津语言学界和政协文史委两次到安徽进行天津话寻根调查。天津市著名的社会历史学家李世瑜先生曾经也作过此项调查，但当时受到时代和条件的限制，得出的结论只是初步的，调查的广度和深度都有欠缺。近三年来，天津语言学界和政协文史委的调查，证实李世瑜先生原先调查的结论是正确的——天津话来源于以固镇和宿州为中心的皖北地区。另外，天津以前没有一部方言辞典，我们正努力填补这个空白，将前辈和现在的学者方言研究中所有的成果都吸收进词典中，进一步传承和发扬天津本土的历史文化。

8.2　天津母方言寻根调查

为了探讨进而明确天津方言的来源，在二十世纪八十年代中期，天津学者李世瑜等人在江苏和安徽北部进行实地考察寻访。在安徽北部宿州市固镇一带，听到当地居民所操方言与天津话惊人地相似，由此寻查到天津方言“母方言”的源头——徐州以南，蚌埠以北，以安徽宿州为中心的江淮平原。最后“确定天津方言的母方言，就是来自以宿州为中心的广大淮北平原”。

8.2.1　天津语言学界的方言调查

李世瑜老先生当年提出的“天津方言岛理论”和“天津话母方言来自淮北平原”的两个论断，都是正确的，站得住脚的；但方言学界一些人对此并不认同，他们认为天津话来自冀鲁方言及东北方言。天津市政协文史委组织专家组，先后两次深入安徽进行天津方言寻根调查，就是完成李老生前的嘱托——不仅局限在宿州、固镇一带的铁路线，而要通过纵深的实地考察和田野作业，进一步确定淮北方言的四界范围。

2010年和2011年，由南开大学、天津师范大学的语言学教授组成“天津方言寻根调研组”，由市政协文史委主任带队，先后两次赴安徽调查。先后到宿州市、蚌埠市、合肥市，固镇县、灵璧县、凤阳县、蒙城县等地，行程二十二天。调研组分成语音组和词汇文化组，有分有合，先后举行各种类型座谈会十四次，问卷调查合作人和发音人近四十人，通过比较细致深入的田野调查，获取了大量的录音及调研资料。

词汇调查汇总对比：固镇、宿州、蒙城与天津方言词汇相近，而凤阳最远，合肥次之。语音调查主要是该方言点音系和连读变调情况，以听音记音为主，辅以录音分析。初步结论是：(1) 词汇组认为，与天津方言相似的淮北方言，以固镇、宿州和蒙城这个三角区域为中心，其四界范围大致是：江苏徐州市以南，淮南市以北，涡阳县以东，“五泗灵”（五河、泗县、灵璧）以西。天津方言的母方言，很可能就来自这里。(2) 语音组认为，天津话可能来源于当时军队里通用的明代“南京”（南直隶，包括今江苏、安徽）官话。经过六百年的发展演变，今天的天津话在语音上与固镇等地显示出较突出的相似性，可能是同步发展的结果。

前文曾提到，永乐年间“天津三卫”戍卒及家属数万人进驻天津，数量大大超过了原住民。这些官兵大都来自凤阳府，当时凤阳府地域宽广，主要包括今天宿州、固镇、蒙城、灵璧等皖北地区，且凤阳话为当时官话。经过实地调查考证，固镇、蒙城地区的语音、声调、调值、调类以及变调规律与天津方言基本一致。利用充分的调查数据和录音资料，进行缜密的论证后推出以上调研成果，使李世瑜先生在多年前提出的学术观点，得以科学而完善地证实。

8.2.2 天津新闻界的寻根报道

2011年8月，今晚报社派出“天津方言岛寻根”报道小组，赴安徽省固镇、蚌埠、宿州、蒙城等皖北平原多座城镇实地采访，以百姓视角记录当地的乡音、乡情，探寻津皖两地在语言、文化、民俗等方面的历史渊源，为津味文化寻根溯源。他们的采访调查印证了我们上述初步结论，并补充提供了大量鲜活的例证。

固镇人把鲤鱼叫“鲤鱼拐子”，而天津人干脆就叫“拐子”；两地都把油条叫“馃子”；至于“熬鲫鱼”“煎闷子”“死面卷子”都是可以拿出来待客的。两地还都把红薯叫做“山芋”，这个叫法，和天津周边地区的“红薯”“白薯”“地瓜”等的叫法最为不同，而与远在千里之外的固镇相同，绝非偶然。“腻歪”“妖蛾子”“起哄架秧子”“垫巴垫巴”……这些固镇人脱口而出的地方话，也是天津人的口头禅。

记者在宿州市东昌路夜市的一家大排档吃东西，亲眼目睹了一对年轻情侣闹别扭，其中的对话充满了浓浓的天津味儿：

“你这个娘儿们怎么就不长脑子呢，上个月刚从网上买了个MP4，用了没几天就坏了，也没地方修去。这又闹着要在网上买iPhone 4，你做事不能好好‘琢磨琢磨’，网上的小店靠得住吗，你就‘作’吧！”一位二十几岁光着膀子的小伙子正在对女友发火。“你知道自己‘吃几碗干饭’吗？就为了MP4，你前后跟我‘找补’多少回了。我买东西又没花你的钱，你还跟我‘翻呲’！我算明白了，你成天没事除了知道跟我‘抬杠’以外，‘干嘛’也不行。”他的女友这时也来了脾气，声调一下子拔高了好几度，周围的食客人人侧目。“甭一说到挣钱你就‘耷拉’脑袋了，不想好好说话就赶紧消失，别在这儿‘腻歪人’。你再‘恣歪’，小心我叫我哥‘拾掇’你。”

听着这对小情侣纯正的“天津方言”，记者以为他们就是天津人，生怕这对“小老乡”再吵下去动起手来，上前劝道：“哥们儿，快哄哄你女朋友。咱这都出门儿在外的，都不易，你就少说两句。”没想到，小伙子非但毫不领情，还一下站了起来：“嘛出门儿在外？我就是土生土长的宿州人。你哪儿的？非得跟着‘掺和’！”见男友口气不善，女孩连忙拽住他的胳膊打圆场：“没事没事，他就是今天喝得有点儿高，我们闹着玩儿呢。我们都是本地人，不过听你的口音也不像外地的，谢谢啦！”

虽然记者误认老乡插了这么一杠子差点闹出纠纷，但皖北方言中的“天津味儿”却由此可见一斑。

天津人结婚讲究热闹、喜庆，还有不少被称为“妈妈例儿”的独特婚俗。《今晚报》报道小分队在安徽宿州采访时，正碰上一场婚礼。记者发现，新娘下车脚不能沾地、由“全科人”为新人铺床唱喜歌、娘家陪嫁“桶子灯”，这些老天津卫耳熟能详的婚俗，在皖北也同样存在。而且，在合肥市区，结婚典礼跟天津市区一样也是下午举行。

《今晚报》记者马庚申写道：奔走于皖北的街道里巷、田间地头，浓厚的“津味”方言时常在记者耳边响起。而天津和皖北极为近似的乡音，也使得许多当地人遭遇了误会，他们套用了一句当下时髦的网络用语如是说——我们都曾“被天津”。

六十八岁的蚌埠市作协主席李凤山讲了发生在他身上的好几件“天津误会”：“1965年，我到安徽芜湖医专上大学。开学第一天，我到图书馆看书，管理员老师随便跟我聊了几句话，随后他的话着实吓了我一跳。他说：‘听你口音是天津人吧。可这次学校根本没在天津招生啊，你是怎么进来的？’”“1983年，我到北京给学生讲课，周五傍晚下课后，大家都吵着周六要到我家做客。我当时很纳闷，蚌埠离北京近千公里，一来一往不得好几天啊。学者们看我面露难色，都说我小气：‘我们大伙租车跟你回天津老家，不就让你请几斤狗不理包子吗！’”

类似的遭遇还发生在固镇广电局的陈科长身上：“2000年，我到北京出差。回安徽的火车上，我跟邻座一位北京大哥聊得甚欢。火车过了天津，都快到德州了，那老兄突然大叫一声：‘哥们儿，都怪我，光顾着聊天，害你坐过站了，你们天津站都过去好半天了！’”

蒙城的退休干部张广田亦是如此：“1996年，我到天津出差，在火车站附近打车想找个旅店。没想到，司机师傅一听我说话，连车都没发动就劝我说：‘哥们儿，你是不是跟家里人怄气了？

遇事得想开点，本地人你住嘛旅店啊。’”

“也难怪被别人误认，我特意试过好几次，在天津街头，闭上眼睛倾听，熟悉的乡音，就跟在蚌埠一模一样。”李凤山笑着说：“为此，我专门赋诗一首——身在南山下，淮水润我心。平生奇特事，几度‘被天津’。”小诗虽然简练，但恰恰从一个侧面反映出天津与皖北方言如出一辙。

“今晚报记者安徽行　探源天津方言岛活动”大型采访历时十二天，经过约五千公里的长途跋涉，先后走访了以固镇、宿州、蒙城、凤阳、蚌埠为主的皖北平原九个县市以及三十二个乡镇，采访了三百一十多位五十岁以上操原汁原味当地方言的群众。报道小分队不仅利用文字、照片、音频、视频忠实记录了当地的乡音、乡情，而且以百姓视角和体验式采访的方式，对津皖两地在文化、民俗等方面的历史渊源进行了深入探寻。在采访中记者发现，天津和皖北不仅语音相像，而且在衣食住行、婚丧嫁娶、居民群体性格等诸多方面存在相似之处，进而从多侧面、多角度对“天津方言岛”现象背后深层次文化积淀进行了解读。[①]

8.2.3　天津作家及学者的采风考察

前几年，天津市作协文学院长肖克凡曾带领天津作家赴安徽调查天津方言的来源。肖克凡撰文介绍：固镇话“死面卷子”一词就是活脱脱的天津话！两地叫“稀饭”不叫“粥”，不叫“红

---

① 见《今晚报》2011年8月25日至9月7日第一版连载的专题新闻系列报道15篇——《探源天津方言岛》。

薯”叫“山芋”，管油条叫“油馃子”，管朝前走叫“照直走”。天津称开洼里的村落高地为“台子”（譬如侯台子、蔡台子、王台子），固镇亦然。天津老话儿称餐饮业为“勤行”，固镇也是如此。固镇人称三连间的民居为“一明两暗”，增加两间面积则称为“明三暗五”，这跟天津完全一样。漂浮多年的天津方言岛，似乎渐渐找到了它的大陆。我在固镇的总体感觉是——到处都是我们的人。①

天津文化学者阎金明教授在《天津安徽有渊源》中谈到：从宿州前往固镇的路上，途经一个叫南唐乡的地方，距固镇仅六公里。下车问路聊天，进了小超市，我故意问：“为什么不开灯?”因为这“开灯”二字最能听出是否像天津口音。当地人说起“南唐乡”这个地名和喊着“开灯”时，发音和天津话完全一样。在固镇、宿州一带的饮食有许多似曾相识之处，如“合饼”就像我们的贴饽饽熬小鱼；“馓子”和我们的排叉一模一样；当地人说的“面疙瘩”，就是我们的疙瘩汤。②

在地域文化血脉的来源及传承上，天津与安徽具有密不可分的渊源关系，主要体现在三个方面，第一，燕王扫北使大批安徽籍士兵及其家眷在津聚居，屯垦戍边，成为天津移民的主流之一。第二，天津话的母方言是安徽，据专家实地考察验证：天津话来自以安徽宿州、固镇一带为中心的淮北平原。第三，清朝中后期乃至民初，以李鸿章为代表的安徽籍高官群体，在天津军政

---

① 《寻找一个名叫固镇的地方》，2006-11-02，肖克凡博客，http：//blog.sina.com.cn/xiaokefan。

② 阎金明：《天津安徽有渊源》，2010-08-10，北方网。

界处于执柄掌权的主导地位，进一步延续了天津与安徽的历史情缘。

天津老地名如李公祠大街、周公祠西街、张公祠前街、马公祠胡同、聂公祠等，都以清末民初建造的祠堂命名。这些祠堂供奉的祠主，如直隶总督兼北洋大臣李鸿章、直隶布政使周馥、淮军名将周盛传兄弟、直隶提督聂士成、直隶总督张树生、天津提督马玉昆等，皆为中国近代史上著名的高官，清一色都是安徽籍。

9. 结　语

9.1　关于所谓“天津方言粗俗”的说法

前些年，有一种误解，认为说天津话土，文化层次低。其实，这是一种无知的偏见，在很大程度上，是某些影视作品误导使然。在二十多年前，凡涉及天津的影视作品，操天津方言的角色，无不是地痞、流氓、汉奸、妓女、泼妇、悍妇，即使是正面人物，也是愚昧无知、傻乎乎的人物或脚行苦力之类。至于英雄人物，纵然是土生土长的天津人，也绝不让他说天津话，否则就似乎损害了英雄形象。二十世纪八十年代，有一部热播电视剧《血溅津门》，其中有一位说天津话的汉奸郭运起，以夸张的语言和脸谱化的表演，给观众们留下了深刻的印象。于是，一些外地部分观众就把天津话和这类人联系在一起了。其实，这是对天津文化的无知、误解和矮化。因而，天津话很无辜地“被粗俗”了。影视作为娱乐文化的大众媒体，如不能准确地通过作品艺术地再现天津历史文化的真实状态，就会以偏概全，产生不良的误导。

近二十年来，这种情况有所改观，从《没事儿偷着乐》里冯巩扮演的张大民、《武林外传》里的捕快燕小六，到杨议编导的《杨光的快乐生活》，由于天津民俗文化和天津话特有的喜剧元素，逐步扭转了以往影视作品中持天津方言人物的负面形象。现在，天津方言已成为颇具淳朴、明快、幽默特色的城市文化，在影视等传媒广泛传播；用天津方言创作的小说，使用天津话表演的小品、相声、快板、时调等文艺作品，都受到国内广大受众的关注和喜爱。

9.2 天津方言发展现状

从二十世纪初叶开始，由于现代学校教育的普及和受新文化运动的影响，天津话语音逐渐发展变化，形成了与“老派天津话”相区别的“新派天津话”。随着推广普通话的深入进行，天津居民的语言状况已发生很大变化。如今的天津话，呈现出逐渐向普通话靠拢的趋势。如今，六十岁以下居民所说的天津话，早已不是纯粹的天津话，形成了经过改造的天津话与普通话相融合的状态。其主要特征是：齿音字大大减少，但在声调方面保留了阴平读音低平的特点。而所谓地道的天津话，只存在于老人的口语中。受近二十年城市建设飞速发展的影响，许多地域和区片的方言概念与实际情况已截然不同，各方言小区片的分野及差异已逐渐模糊。例如天津方言的大本营——老城里，经拆迁重建，楼厦巍然，物非人亦非，居民已不是原来的老住户了。于是，很多天津话的老词语已慢慢流失。

近半个世纪以来，天津方言发生了很大的变化。这些变化主要体现在：第一，京津两地特殊的地理位置，形成政治、经济、文化、交通、旅游等方面的密切联系，使两大都市方言之间相互影响相互渗透。第二，现代国语运动和当代普通话的推广普及，使纯然操天津方言者数量剧减，多数中年以上的天津人天津方言与普通话二者兼操，为数众多的天津青少年已不会说或说不好天津方言。第三，二十世纪八十年代以来，天津城市建设急速而不断向外拓展，老城区和为数不少的市区区片大规模地城建改造，使大量的老居民举家外迁，加上外来人口的大量增加，使天津方言片的界限逐渐模糊。

目前，天津话的语音、声调已明显地向普通话靠拢，天津方言一些古老词汇业已消失，许多天津籍的青少年不会说，甚至听不懂地道的老天津话。年轻的父母们习惯于用普通话与孩子沟通，从小就教育孩子讲普通话，不主张不支持他们说方言。因而淳朴、生动、幽默的老天津话，一些年轻人已不大会讲，其中地域气息浓厚的大量俗语、俚语、惯用语已逐渐被淡忘。许多艺术形式比如天津快板、天津时调等，就是以天津方言为载体，假如有一天天津方言消失了，这些丰富多彩的文化艺术也必然会随之消亡。

随着城市建设的飞速发展，城市中心区居民大量搬迁，外来人口大量迁入，天津老方言区片的界限已渐呈模糊，甚至不复存在。目前的楼厦民居社区与原大院群居文化的语言环境迥然不同，原邻里院落居民间的方言交流影响和融合，迄今业已式微不存。因此对原汁原味的天津方言语音词汇进行抢救式的记录、保存和传承，完全必要且亟待实施。

9.3 编写出版《天津方言词典》的意义

天津方言是我国语言文化花园中的一朵奇葩，是天津地域文化的重要载体，在语言文化传播和融合中，具有顽强的生命力和竞争力。天津话富有地方特色的方言词汇十分丰富，它生动形象、含蓄质朴、感情深厚、贴近生活，成为天津人民生产和生活中的有力工具，在构筑天津城市文化环境中成为不可或缺的因素。

李世瑜老先生生前曾多次谈到对天津方言进行深入研究的设想。出席天津市政协文史委招待安徽固镇政协领导的宴会（在市政协俱乐部），在接送他的途中及宴会间歇时，叮嘱要办好两件事：一是把天津母方言——皖北方言区的四界范围确实调查清楚；二是在前人研究基础上编写出一部《天津方言词典》。

2008年，笔者在天津电视台公共频道播出《这是天津话》系列谈话节目，每天讲解一个天津话词语，共播出二百四十期，受到天津广大听众的欢迎。后由天津教育出版社结集出版《这是天津话》，涉及天津方言词语四百多条。2009年，笔者在“渤海名家大讲堂”等公益讲座上，先后做《天津方言与城市文化》《天津方言与津味相声》《天津方言与地方戏曲》的学术科普报告。从2010年开始，《今晚报》“天津卫”开设“天津话专栏”，每期刊载笔者关于天津方言词语的短文，迄今已逾百篇。2012年，天津滨海广播电台推出笔者主讲的“天津人·天津话”系列谈话节目三十讲。2010年和2011年，笔者以天津市政协文史委“天津方言寻根调查组”成员的身份，和南开大学马庆株、杨自翔、曾晓渝教授先后两次赴安徽进行深入的专题调研。其研究成果《天津方言研究与调查》将作为《天津方言词典》的姊妹篇，也由天津人民出版社出版。

笔者作为在天津生活六十多年的本土学者，对天津方言语汇比较熟悉并进行了多年的研究。加之，曾参与编写过多部语言学辞典，积累了一定的实践经验。这些为《天津方言词典》的编写，奠定了较为坚实的理论基础和语料基础。无论从学术研究还是社会文化需求的角度，从方言文化保护还是落实前辈学者殷切嘱托的角度，编撰出版一部高质量的《天津方言词典》，完全必要，非常及时，因为它具有填补空白和抢救遗产的双重意义。

近日由天津人民出版社出版的《天津方言词典》收条目七千多条，主要分为四大类：词语部分、俗谚部分、歇后语部分和天津民俗文化词语。附录部分包括《天津方言亲属称谓一览表》《天津方言词缀分类一览表》《天津方音与普通话发音差异对照表》等内容。为便于读者了解和掌握天津方言语汇的读音，我们还制作了与词典相应的录音光盘附于书末。

9.4　天津方言语音档案建档工作

天津市各级领导、学术团体和广大群众对天津话的传承保护十分重视。为切实保护天津方言文化，记录天津方言演绎历史，发掘天津方言独特的幽默、智趣等特质，构建和谐的语言生活环境，建设美丽天津，天津市档案馆拟建立天津方言语音档案，将通过录音档案的形式为天津的特色语言留下宝贵的资料。

为此，天津市档案局成立了由大学教授、语言专家、民俗专家、作家等组成的专家组。由专家组提供包括词组、成语、歇后语等约五百个，例句三百个及有关相声、快板等名段，形成天津方言文本档案。另外，专家组已拟定天津方言发音人筛选方案。报名应征者按照“自我介绍、规定文本”等内容用天津方言进行陈述，从应征者中首先选出一定数量的入围人选，然后再从中选出语音悦耳、口齿清楚、表述流畅、反应灵敏的若干人作为天津方言最佳发音人。录制的语音档案均收入天津方言档案资料库，并颁发证书。除记录“说天津话”，还要记录“唱天津话”，有关相声、天津快板等名段都将被归档。另外，与天津方言关联密切的劳动号子、叫卖吆喝、天津时调等也将制成音像档案长期保存。在建立录音档案的基础上，拍摄《天津乡音》宣传片并出版光盘专书。

启动建立天津方言语音档案，具有抢救和保护非物质文化遗产的重大意义。通过记录天津人原汁原味的乡音并将其保存下来，在保护方言传承的同时，唤起各级领导和广大市民对方言文化的重视，具有现实意义；进而在公民中树立起方言保护意识，将更具长远的历史意义。

后　记

我在天津生活了近七十年，对于生于斯长于斯的这片热土充满挚爱之情。近十多年来，尤其是退休之后，集中精力潜心研究天津的地名文化、方言文化和民俗文化。在这个领域先后出版或发表了二百多万字的著述，以报效桑梓。我在天津地域文化研究中，力图突破旧藩篱，力辟新蹊径，以反哺社会、回报大众为宗旨，将学术性和普及性熔为一炉，贴近群众、贴近社会、贴近现实。写作行文力求让读者读得懂，喜欢读，有收获。

2014年，天津方言研究、传承和保护有两件事可圈可点，一是我主编的《天津方言词典》出版，二是天津市档案馆启动的“天津方言语音建档工程”正风生水起地推进。二者珠联璧合，相济互补，对抢救天津方言文化遗产，传承和发扬天津历史文化具有重要的意义。2014年年初，《天津方言词典》编委会应天津市档案馆之邀，承担了“天津方言语音建档工程”的学术任务。昭示天津方言研究从学者书斋里走出来，另辟蹊径，接地气，新人耳目。

所谓“接地气”，就是摒弃学府气和学者派儿，虚下心来，俯身向下，选择源于生活、贴近实际、与老百姓产生共鸣的课题；在田野调查中撷取素材，在志书史料和文艺作品中搜觅语料，在民间学者中汲取真知，在尽可能吸收前贤研究成果的基础上综合升华——唯此，天津方言研究才能根深叶茂，生生不息。

本书稿是在天津电视台录制《这是天津话》系列节目260期、天津人民广播电台滨海台录播“天津人·天津话”系列讲座30讲的文字稿，以及在报刊上发表有关天津方言的论文或文章的基础上完成的。我试图从语音、语汇、语法、修辞等语言学角度，从方言与城市文化、方言与民俗等文化语言学角度，从来源及寻根调查的角度，对天津方言的特点以及与津沽文化的关系，进行比较全面而得体的阐释。

书末所附录音由两部分组成，一是我在天津市图书馆“渤海名家大讲堂”上关于天津方言讲座的摘录，另一是从“天津方言语音建档工程”发音人选拔测试的录音中选取的天津快板和歌谣、故事的小片段。感谢天津电视台国际频道王军编导对这项工作的协助和支持。中国国际广播出版社责任编辑杨桐对书稿认真审订，在此一并表示感谢。

由于本人眼界不宽，水平有限，对于本书存在的不足和谬误，诚恳欢迎方家读者不吝指正。

谭汝为

2014年10月20日

写于华苑碧华里寓所